Ser *Feliz*
é uma
escolha

CIP-BRASIL. CATALOGAÇÃO NA PUBLICAÇÃO
SINDICATO NACIONAL DOS EDITORES DE LIVROS, RJ

F844s   Fortes, Amanda Gomes Ferreira Borges
        Ser feliz é uma escolha: reflexões sobre a psicologia da vida / Amanda Gomes Ferreira Borges Fortes, Mariana Gomes Ferreira Petersen. – 1. ed. – Porto Alegre [RS] : AGE, 2025.
        151 p. ; 14x21 cm.

        ISBN 978-65-5863-318-1
        ISBN E-BOOK 978-65-5863-317-4

        1. Crônicas brasileiras. I. Petersen, Mariana Gomes Ferreira. II. Título

    24-93831   CDD: 869.8
                                 CDU: 82-94(81)

Gabriela Faray Ferreira Lopes – Bibliotecária – CRB-7/6643

Amanda Gomes Ferreira Borges Fortes
Mariana Gomes Ferreira Petersen

Ser Feliz é uma escolha

Reflexões sobre a Psicologia da Vida

1.ª reimpressão

PORTO ALEGRE, 2025

© Amanda Gomes Ferreira Borges Fortes
e Mariana Gomes Ferreira Petersen, 2024

Capa:
Bibiana Macedo

Diagramação:
Giovana Bandeira Grando
Nathalia Real

Supervisão editorial:
Paulo Flávio Ledur

Editoração eletrônica:
Ledur Serviços Editoriais Ltda.

Reservados todos os direitos de publicação à
EDITORA AGE
editoraage@editoraage.com.br
Rua Valparaíso, 285 – Bairro Jardim Botânico
90690-300 – Porto Alegre, RS, Brasil
Fone: (51) 3223-9385 | Whats: (51) 99151-0311
vendas@editoraage.com.br
www.editoraage.com.br

Impresso no Brasil / Printed in Brazil

À nossa Grande Família, que nos inspira a viver uma vida compartilhada. Aos que vieram antes de nós, e que construíram as raízes que nos sustentam, e aos que estão aqui agora, vivendo e compartilhando as nossas histórias.

Agradecimentos

Nada disso estaria acontecendo se não fosse a minha escolha pela psicologia. Desde jovem, optei por seguir esse caminho, e, com o tempo, percebi que a forma como enxergo a vida foi profundamente moldada por essa escolha. Talvez tenha sido uma combinação de vocação e aprendizado, mas a verdade é que a psicologia me ensinou a ver a vida com mais poesia, a encontrar profundidade nas histórias e a descobrir significado nas adversidades do dia a dia.

Por isso, meu maior agradecimento vai para a vida em si. A vida, com todas as suas nuances, já me ofereceu tanto experiências maravilhosas quanto momentos difíceis. Foi enfrentando cada uma dessas experiências que aprendi que os momentos felizes ganham mais sentido quando compartilhados e que os momentos difíceis se tornam muito mais toleráveis quando temos com quem contar. E isso eu sempre tive. Carrego dentro de mim uma fonte inesgotável de amor e apoio, que recebi desde sempre dos meus pais, Jonathas e Flávia. Obrigada por serem meus maiores incentivadores e por sempre acreditarem em mim. Vocês vivem cada momento da minha caminhada, sofrendo e vibrando junto comigo.

Agradeço também ao meu marido, Rodrigo, com quem escolhi compartilhar a vida diariamente há mais de 13 anos. Juntos, temos enfrentado os desafios, celebrado as vitórias e construído o que somos hoje. Obrigada por me ensinar diariamente a importância de caminharmos lado a lado. Construir nossa vida e nossa família ao teu lado tem sido a mais gratificante de todas as minhas jornadas.

A minha base é composta também pela família ampliada, pelos amigos, colegas e pacientes que, de alguma forma, tocaram minha vida e ajudaram a moldar meu caminho. Cada um, com sua presença e sua história, me ajudou a enxergar o mundo com mais clareza e a compreender que a vida ganha muito mais sentido quando se torna um mosaico de conexões.

Finalmente, um agradecimento especial para Mariana, minha sócia, amiga, prima e irmã da vida. É maravilhoso compartilhar tanto da vida juntas. Nossa parceria é um reflexo da sintonia que construímos ao longo dos anos. Obrigada por embarcar em cada passo dessa conquista comigo. Juntas, continuamos a contar e escrever histórias que simbolizam nossa visão compartilhada da vida. Foi dessa sintonia que nasceu este livro, e por isso sou eternamente grata à nossa dupla.

Amanda Gomes Ferreira Borges Fortes

Quando decidimos fundar o Equilibra, nossa página *on-line* sobre psicologia aplicada ao dia a dia, nós ainda não sabíamos que rumo exatamente ele tomaria. Eu, psicóloga clínica e professora de psicologia já atuando na área há 12 anos, na época, senti que finalmente havia um projeto que me dava propósito, além do consultório. Eu já estava casada há sete anos com meu marido, Rodrigo, e com dois filhos pequenos, a Maria e o Bento, sobre quem vocês lerão em diversas crônicas das próximas páginas. Mas em nenhum momento me senti desencorajada por eles a assumir esse novo projeto. Bem pelo contrário. Além de serem inspirações diárias para muita matéria-prima do que as reflexões deste livro trazem, eles me deram apoio, tempo, suporte e compreenderam os momentos em que eu *"precisava escrever, agora, se não perderia o texto para sempre"*. Então agradeço a eles, minhas razões de tudo e para tudo. Obrigada pelo infinito que vocês me deram.

Agradeço também à minha base. Meus pais, Maria Cristina e Artur, e meus irmãos, Cristiana e Ramiro, que ampliaram nossa família emaranhada com os queridos Marcelo, Camila, Otávio,

Augusto... e os próximos que esperamos. Quem nos conhece sabe. A base é sólida, profunda e será eterna dentro de nós.

Agradeço, ainda, a todos os *meus*, que serão homenageados em textos deste livro. Família ampliada, amigos, alunos, pacientes... todos que me inspiram diariamente a entender melhor o ser humano e a me encantar com a experiência fascinante de estar viva. Por fim, claro, à minha amiga, sócia, prima, colega e tudo que ela representa, à Amanda. Que na hora certa das nossas vidas me propôs desenvolver o Equilibra e a partir dele nasceu este livro. Obrigada por pensar em mim, contar comigo e ser parte fundamental da dupla perfeita e sintonizada que somos.

Mariana Gomes Ferreira Petersen

Este livro é um convite a você!

Era aos domingos de manhã que isso acontecia. Tam. Tam. Tam. Soavam os sinos de alguma igreja. Eu não sabia o nome, até porque, dos altos dos sete anos de idade, era difícil saber. Mas depois eu descobri que eram os sinos da Igreja São José, ali na Avenida Alberto Bins, no centro de Porto Alegre. A cena que me vem à cabeça é de eu estar deitada na cama dos meus avós, ansiosa pelo dia que começaria. É que era domingo. Domingo era especial. E domingo sempre foi o dia em que a família se reunia, de os avós, tios e primos se encontrarem. Os almoços de domingo na casa dos avós se tornaram uma tradição inquebrável na nossa família. Tornou-se uma espécie de ritual que ultrapassa os anos e continua a marcar nossos domingos com encontros e reencontros, conversas animadas, risadas e, claro, muita comida deliciosa.

Naquela época, éramos nós que nos sentávamos naquela mesinha branca de plástico, com as cadeirinhas vermelhas. Era a mesa das crianças, onde tudo parecia um pouco mais mágico. As conversas dos adultos soavam distantes, mas havia uma alegria contagiante no ar. Lembro-me de como inventávamos brincadeiras e ríamos por qualquer coisa. Hoje, é claro, essa mesa é ocupada pelas novas crianças da família. E nós, com o tempo, fomos gradualmente promovidos à mesa dos adultos – que, com o passar dos anos e o crescimento da família, já se tornou pequena novamente para tantos que se juntaram a nós.

Não foi apenas a mesinha e os domingos que nós dividimos. É impossível não lembrar da casa na Praia de Torres. Aquela casa com um pátio enorme e uma piscina ainda maior. Será que era mesmo tudo tão enorme assim? Difícil dizer. Mas, aos olhos de uma criança, tudo parecia grandioso. Os verões na casa de Torres, com toda a família reunida na mesma casa, são lembrados como um momento mágico da vida, onde cada dia de verão era uma nova aventura. O verão é interminável na vivência de uma criança, não é? E era o que vivíamos. Uma rotina ensolarada e praiana interminável. Aquela coisa dos tempos de antigamente, quando chegávamos no litoral em dezembro e só retornávamos em março, para o início do ano letivo. Hoje é mais fácil perceber que todo verão tem seu fim. Ainda assim, é tempo. E tempo despendido junto é o que gera um vínculo de verdade. Talvez os veraneios não tivessem sido os mesmos sem a presença do nosso avô, que era o coração pulsante de toda essa magia. Ele era quem, silenciosamente, fazia questão de manter a família unida, esforçando-se para que todos estivessem sempre juntos sob o mesmo teto. Era ele quem organizava, convidava, planejava, sempre pensando no bem-estar de cada um de nós. O tanto de valor que ele colocava nessas reuniões, sem dúvida, fortaleceu os laços que nos mantiveram próximos até os dias de hoje, mesmo que ele não esteja mais entre nós.

    Talvez o Equilibra tenha nascido nessa fase da nossa vida – e isso a gente nunca compartilhou com ninguém. Dentro daquela Grande Família, havia duas meninas, e é sob o olhar delas que essas histórias estão sendo contadas agora. Nós, Amanda e Mariana, primas, com uma diferença de cinco anos de idade, éramos muito amigas. Nos finais daqueles quentes dias de verão, sob o céu com tons pastéis, nós nos encontrávamos em um balanço de dois lugares que ficava no canto do pátio da casa. O balanço era de ferro, pintado de azul e branco, com correntes que rangiam suavemente a cada movimento. Ele tinha espaço suficiente para nós duas, e ali passávamos horas lado a lado.

    Enquanto uma de nós balançava suavemente, a outra contava histórias. Era o que a gente gostava de fazer: contar história juntas. De contar, passamos a gostar de escutar. Fizemos dessa nossa profissão, afinal de contas. Para nós, aquele balanço era mais do que um simples brinquedo; era uma porta de entrada para um universo de um vínculo que nos uniria para sempre e que, anos mais tarde, resultaria na sintonia fina que hoje nos leva ao Equilibra. E é do Equilibra Psicologia que nasceu este livro.

A gente recebia o que precisava naquele balanço, mas não saberia dizer, na época, o que a gente tanto buscava naqueles momentos. Eram os momentos em que a gente refletia e, sutilmente, revelava o que era a vida em família. Quando estamos vivendo uma história, ela é apenas vários pedaços quebrados de vidro no chão, sem termos a clareza do que fazer com tudo aquilo. Mas, quando conseguimos narrar a nossa história, ela se torna uma história com significado. Desde pequenas, aprendemos a ressignificar. E para que seja possível viver uma vida em família, como tanto nos foi ensinado a apreciar, é necessário que a gente consiga aquietar a mente, contemplar e dar espaço para que essas memórias ganhem forma e propósito.

No fim, aquele balanço foi o nosso primeiro exercício de ressignificação, o lugar onde começamos a transformar momentos simples em uma vida equilibrada e cheia de significado.

Este livro é um convite a aprender a contemplar a vida. A parar. A ler. A largar o celular, a estar presente e a refletir sobre como a vida está passando por você.

Obrigada, pela leitura.

Com carinho,
Amanda e Mariana.

Sumário

Tão rápido quanto um *flash*, a cena muda... 19

A nossa vida é essa constante transformação. 21

Histórias de terapia: O café e o tempo 22

Era um dia qualquer. 23

Histórias de terapia: A vida e o trabalho 24

Sobre a chuva e a ingenuidade das crianças... 26

Uma nuvem preta, piscante de raios, se aproximava rapidamente... 27

A beleza da fase que você vive agora 28

Muito da harmonia da vida a dois carrega esforço, e talvez isso nenhuma crônica de romance te conte. 30

Histórias de terapia: O medo de misturar as escovas de dentes 32

Para você que está prestes a atravessar o "portal" 33

Por que casamos? 34

Histórias de terapia: O ponto-final daquele amor 35

Histórias de terapia: Qual é o problema da intimidade? 36

Talvez esse seja o luto: Um pêndulo constante de dor e aceitação 37

O dia em que perdi minha filha na praia 39

Não é sobre você 41

Escolha as suas pessoas (e este não é mais um texto sobre relações ideais) 42

Histórias de terapia: Uma das verdades mais duras da vida é que a gente magoa quem a gente ama. 43

Esse tipo de amizade... 45

O problema não é enfrentar um trauma 46

Me dei conta de que não te vejo assim 48

Sobre autoconfiança e a sabedoria das crianças 49

Na minha casa sempre teve chocolate. 50

Histórias de terapia: Eram muitas críticas, olhares de reprovação e chutes embaixo da mesa quando eu me servia mais uma vez. 51

A verdadeira liberdade 52

Daquelas cenas que nos fazem refletir 53

A grande ironia do autocuidado 55

E, depois que sentir, volte. 57

Histórias de terapia: O segredo está em fazer escolhas. 58

Quando a gente ama (é claro que) a gente cuida. 59

O segredo escondido nas amizades de infância 60

Ah, os domingos… 62

Um dia da minha rotina… mas poderia ser da sua: Especial Semana da Mulher 63

Um dia da minha rotina… mas poderia ser da sua: Especial Semana da Mulher 65

Um dia da minha rotina… mas poderia ser da sua: Especial Semana da Mulher 67

Um dia da minha rotina… mas poderia ser da sua: Especial Semana da Mulher 69

Um dia da minha rotina… mas poderia ser da sua: Especial Semana da Mulher 71

Um dia da minha rotina… mas poderia ser da sua: Especial Semana da Mulher 73

Toque no tempo 74

"*All you need is love*"… será mesmo? 75

Não tenha medo de mudar. 76

Histórias de terapia: Uma dose de previsibilidade 77

Da adversidade à liberdade 78

Ainda não sei nada… mas tenho tudo. 79

Histórias de terapia: A liberdade por trás dos limites 80

Entre o cuidado e a cobrança 81

O que o jogo de tênis e a vida têm em comum?........................83

"Quem espera que a vida seja feita de ilusão, pode até ficar maluco
ou morrer na solidão."..84

Calçadas que contam histórias 86

Histórias de terapia: Foi um abraço. E bastou............................88

Três conselhos que eu daria a mim mesma se pudesse
voltar no tempo 90

Histórias de terapia: Era domingo de Páscoa............................. 91

O mar da vida..92

Histórias de terapia: Ela não foi a primeira nem será
a última pessoa a me dizer isso. 93

Testemunhar uma injustiça da vida dói demais.........................94

Precisamos conversar..95

A simplicidade de uma criança 96

Não é sobre a chegada. 97

Histórias de terapia: Quem menos merece é quem mais precisa. 99

Por que eu comecei a escrever?.. 101

Por que eu comecei a escrever?.. 103

Histórias de terapia: E se eu tivesse escolhido outro caminho?.......... 104

Terapia *on-line* funciona?.. 106

Se puder, veja a vida passar... 107

O dia em que ele entendeu o valor do tempo......................... 108

Histórias de terapia: Quando acontece a mudança?................. 109

O dia em que eles aprenderam a contar um com o outro 110

O fio invisível 111

Não basta saber ensinar. É preciso saber ser............................ 112

O fio visível.. 113

Pequenos gestos, grandes diferenças 114

Você sabe o que faz um pôr do sol ser tão bonito?..................115

Uma reflexão sobre trauma, resiliência e apego 116

Viajar com filhos... Sim ou não? 118

Ah! O extraordinário. Quando vem,
vem com força nessas ocasiões! 119

No meio das crises, eu tenho mais certeza das minhas escolhas. 120

Dos resgates da enchente para dentro de casa:
Construindo um apego seguro 122

Posso te fazer duas perguntas? 124

Namore o seu namorado(a). 126

Tem hora pra tudo. 127

Isso aconteceu quando a minha filha tinha três anos de idade... 128

Três lições que mudaram para sempre a minha forma de viver. 130

É tão difícil ir embora de onde se foi feliz... 132

São aquelas amizades completas. 133

Quando foi que você descobriu que o amor da sua vida era, mesmo, o amor da sua vida? 134

Um jeito invisível de amar 135

Um jeito invisível de amar – parte II 137

Eu me pergunto isso todos os dias. 138

Era madrugada, frio que uivava, silêncio e breu total na cidade. 139

Era um dos seres mais frágeis que eu já tinha visto. 140

Histórias de terapia: O "felizes para sempre" não existe? 142

Histórias de terapia: Expectativas irreais, frustrações reais 144

Sobre ser família 145

Talvez esse seja o segredo da saúde mental. 147

Somos um nada 149

Amar verdadeiramente é estar presente de maneira singular
para cada pessoa. 150

Tão rápido quanto um *flash*, a cena muda...

Mariana Gomes Ferreira Petersen

O amor tem dessas. Não escolhe quando chega. Pode ser com 15, 20, 40, ou 60 anos. Mas quem ama decide se vai cuidar para que o amor possa ficar. E, com dedicação, cuidado e muito diálogo, ele fica. Ao menos para nós, tem ficado.

Olho para trás e vejo o início. Tínhamos 15, logo depois 18. Jovens, imaturos, nem sabíamos direito o que estávamos fazendo. Ou sabíamos? A vida era simples e fácil, mas parecia tão complexa ao olhar de dois adolescentes! Mas a gente ficou. Veio a formatura do colégio, da faculdade. Novos desafios, e descobríamos o caminho de volta quando a gente se perdia. Alguns (muitos) anos depois, nos casamos. Por um lado parecia o fim de um longo percurso, mas era só o começo.

Em um piscar de olhos, a cena muda. Não vejo mais adolescentes. Vejo dois jovens, cheios de vida, trabalhando arduamente em um ritmo acelerado. Chegar em casa à noite era rotina. E a nossa casa era minúscula, mas era um cantinho de amor e segurança, como tínhamos dito que seria. O tempo livre era só nosso. Saíamos para jantar, tomávamos um vinho, assistimos a muitas séries e filmes juntos. Brigávamos, claro, mas sempre resolvemos com uma conversa rápida, e ficava tudo bem. Planejávamos as próximas férias, o final de semana. Namorávamos. Viajávamos o máximo que podíamos.

E novamente, tão rápido quanto um *flash*, outro cenário e contexto: vejo uma mulher e um homem tentando jantar. Uma loirinha de cachinhos dourados grita que quer amendoim enquanto um carequinha sorridente pula em uma cadeirinha que se movimenta. Enquanto a mulher explica que a menina não pode comer mais amendoim do que já comeu, o homem tenta tirar o jantar do forno. E então o bebê que estava pulando na cadeirinha vomita. E, na mesma hora, a menina dos cachinhos pede para colocar uma tiara na cabeça. Depois do jantar, meio conturbadamente, as crianças vão tomar banho. Cantando. Parecem felizes. E, na verdade, são. Na verdade, somos. De dois viramos quatro, e a vida deu um *turning point* que afetou nosso tempo juntos como casal. Mas a gente escolheu ficar. Tudo são fases e com algum esforço reconectamos. Eu sei que vou fechar os olhos e ao abrir já verei as crianças nos dando um beijo e dizendo "*tchau, mãe. Tchau, pai. Não nos esperem para jantar.*"

É assim. E sabe o que eu desejo? Que tenhamos cuidado o suficiente da nossa intimidade para que genuinamente possamos sentir saudade de tudo que passou, mas para que também possamos ser felizes. Assim como fomos ontem. Assim como somos hoje. E se a gente quiser, com dedicação, respeito e esforço... seremos amanhã.

A nossa vida é essa constante transformação...

Amanda Gomes Ferreira Borges Fortes

Vento no rosto. Sol que ilumina por dentro da folhagem. Natureza que purifica. Esse foi o cenário com o qual me deparei nas férias, depois de passar por um ano difícil. A minha mente andava agitada. Foi um cenário ideal para desacelerar os passos, respirar lentamente e parar de brigar com os momentos inesperados da nossa vida.

Aceitar a vida tal qual ela se apresenta não é concordar com a vida o tempo todo. Muitas vezes, eu também não concordo. Mas percebi que quando eu relutava em aceitar os fatos, eu sofria. Sofria ainda mais. Lembremos que a dor é inevitável, mas o sofrimento é opcional. Entendi que, assim como as folhas, que passam do verde para tons de vermelho e amarelo, a nossa própria vida é também essa constante transformação de etapas, cores e experiências. Nós também passamos por fases – sejam elas mais fáceis, cheias de cores e sabores, sejam elas mais difíceis e não tão coloridas.

Observar a troca de folhas do outono nos Estados Unidos fez eu me lembrar de quando estudei a Terapia de Aceitação e Compromisso (ACT), que nos diz que devemos aceitar que as folhas irão cair, podendo se tornar adubos para o crescimento de outras. Talvez possam vir folhas mais coloridas. Talvez folhas maiores. Talvez as folhas que queremos. Mas a verdade é que nunca teremos certeza de como serão essas novas folhas. Essa perspectiva nos desafia a entender toda e qualquer complexidade das fases do nosso ciclo da vida. Assim como as folhas de uma árvore se renovam, num constante ciclo que nunca tem fim, cada desafio pode começar a fazer sentido se estamos indo na direção do que buscamos, de quem somos, ou de quem queremos ser.

Histórias de terapia

O café e o tempo

Hoje uma paciente que tem tido dificuldades em equilibrar carreira, maternidade, autocuidado e vida pessoal me disse algo que me fez pensar. Ela tem altos padrões de exigência consigo mesma. Cobra-se bastante e é extremamente competente e dedicada no que faz.

Disse ela: *"Eu vim para a terapia hoje pensando. Já consegui fazer mudanças importantes, mas será que estou dando meu melhor aqui? Será que estou fazendo bem minhas tarefas de casa? Fiquei me questionando e, agora, olhando para ti, em paz, com esse cafezinho na mão, me caiu a ficha."*

E continuou:

"Que coisa boa eu poder parar e estar aqui, contigo, tomando um café, pensando em mim, conversando calmamente. Isso não é maravilhoso? Proporcionar-me isso é em si uma mudança importante. Estou feliz por estar aqui e me permitir estar aqui."

E eu prontamente concordei. É maravilhoso.

Ter a consciência da importância de parar, contemplar. Tomar um café com calma. Olhar para o céu. Dar uma pausa (mesmo que breve) na rotina. Sem culpa. Não precisamos ser produtivos o tempo todo. E pode ser extremamente produtivo viver uma rotina confortável.

Viver uma rotina confortável gera saúde mental. Gera bem-estar. Mantém a satisfação com a vida. Torna as pessoas felizes. E pessoas felizes ajudam outras pessoas a serem felizes também.

Era um dia qualquer...

Mariana Gomes Ferreira Petersen

Hoje é um dia qualquer. Segunda-feira. Uma segunda-feira em que trabalhei bastante e cheguei em casa às 18h15. Eu poderia estar focada em tocar a rotina noturna aqui de casa da maneira mais prática e funcional. Mas por algum motivo olhei para as crianças e pensei: "*Hoje vou fazer diferente. Vou ficar com eles com toda a calma. Deixar meu celular de lado, atrasar um pouco as conversas pendentes de WhatsApp e fazer tudo brincando.*"

A Maria quis tomar banho e colocar o vestido de daminha que usou no casamento da minha irmã em vez de pijama. *Pode!* O Bento quis tirar todos os bonecos dele do armário, após jantar, mesmo que a intenção fosse ir desacelerando para dormir. *Pode!* Sentamo-nos no chão do quarto e brincamos juntos. Depois, a Maria quis fazer um lanche antes de dormir. *Claro que sim!* Fizemos todos.

Escovar os dentes, colocar o pijama (daí sim, com toda a colaboração possível) e ler livros na cama. Não foi um livro. Foram três. E dessa vez, eu não somente *li*. Li com vontade. Fiz vozes diferentes para cada personagem. Sem pressa. Na hora de dormir a Maria me olhou e disse: "*Mamãe, estou tão feliz!*"

E eu escrevi este pequeno texto para lembrar a mim mesma que às vezes a gente fica presa na logística, na praticidade, nas tarefas, e esquece do básico. Esse básico que é justamente o que eles precisam: presença de qualidade.

Não é sempre fácil, claro. Aliás, é bem difícil na rotina corrida do dia a dia. Mas me dei conta de que em um dos dias da semana que eu considero que fico pouco com meus filhos, na verdade, foi o dia em que *mais* estive com eles.

Histórias de terapia
A vida e o trabalho

Naquele consultório aconchegante, as cortinas filtravam suavemente a luz, criando uma atmosfera tranquila e receptiva. O relógio na parede parecia andar mais devagar, dando espaço para palavras fluírem e pensamentos se desembaraçarem. Era uma tarde comum, mas especial para um dos meus pacientes – que teria a sua última sessão de psicoterapia, após ter recebido alta.

O estresse que costumava pesar em seu semblante foi substituído por uma serenidade que denunciava uma nova perspectiva de vida. No início, a terapia era algo que não fazia sentido; afinal, tempo era dinheiro, e cada segundo dedicado a algo que não fosse trabalho parecia uma perda irreparável. Ele se autodenominava um *workaholic* convicto, enraizado em ideias de que o sucesso profissional demandava sacrifícios pessoais. Cada sugestão para explorar aspectos mais equilibrados da vida era recebida com desinteresse, quase desdém. Contudo, persistimos com paciência, entendendo que a mudança levaria tempo e confiança.

Conforme as sessões foram avançando, conversamos sobre as camadas mais profundas de sua vida pessoal. Entendemos as raízes desse comportamento *workaholic*. Conseguimos desenhar o funcionamento desse círculo vicioso. Os momentos de reflexão e as ferramentas proporcionadas pela terapia começaram a surtir efeito.

"*Eu não via a hora de chegar aqui, sentar neste sofá e tomar um café. As coisas mudaram muito para mim. Antes, eu me via afundado no trabalho, perdendo a noção do tempo e negligenciando momentos como esse, que realmente importam*", disse ele com uma emoção contida.

Ao longo da sessão, ficou notável como ele aprendeu a apreciar os pequenos prazeres da vida. Contou sobre as risadas compartilhadas em jantares com amigos, os passeios descontraídos nos fins de semana e os momentos serenos em família. Essas experiências, que antes pareciam fugir de seu alcance, agora eram partes integrantes de sua rotina. A voz dele transbordava de gratidão. Nós, psicólogas, não apenas ouvimos, mas celebramos cada vitória, cada passo dado em direção a uma vida mais plena.

Ao final da sessão, a sala ficou imersa em um sentimento de gratificação compartilhada. Ali, naquele espaço de acolhimento e compreensão, uma jornada de autotransformação florescia, e uma vida mais leve estava começando a ser vivida. Foi uma tarde especial.

Sobre a chuva e a ingenuidade das crianças...

Mariana Gomes Ferreira Petersen

"Mamãe, está chovendo muito."
"É mesmo, meu amor."

(Silêncio)

"Como será que estão as pessoas que vivem na rua? Elas se molham?"
"Sim, querida. Infelizmente elas se molham... e nem sempre terão abrigo. Eu fico triste e preocupada também."
"Eu já sei como resolver. É só pedir para 'o Deus' fazer uma casinha pra elas. É o que eu vou pedir antes de dormir."

Uma nuvem preta, piscante de raios, se aproximava rapidamente...

Amanda Gomes Ferreira Borges Fortes

Já era noite. O vento uivava, e notei que se intensificava a cada momento. Uma nuvem preta, piscante de raios, se aproximava rapidamente. Logo, começou a chuva – uma chuva intensa, forte, barulhenta. Foi então que a luz se apagou, meu coração acelerou, e uma inquietação tomou conta de mim.

Talvez fosse a ansiedade diante da escuridão iminente, ou talvez o receio de que a goteira na sala se tornasse mais insistente. Talvez fosse a revivência de uma memória dolorosa: a última chuva que vivi ao lado da minha cachorrinha, que, assustada, viu sua dificuldade de respirar se agravar. Mas talvez não fosse por nada disso.

Eu me dei conta de que estava preocupada. Preocupada com as pessoas que estariam na rua sem ter para onde ir. Preocupada com os cachorros de rua, que deveriam estar com medo e desprotegidos. Preocupada que logo viriam as notícias de pessoas morrendo, sem comida, sem água, sem energia elétrica.

A natureza tem força, se impõe e consegue nos conectar com nossa insignificância e impotência diante de tantas coisas dessa vida. Essa foi uma noite em que me dei conta, mais uma vez, da incontrolabilidade e das incertezas que nos rodeiam nesta existência. No entanto, ainda que não possamos prever as tempestades que surgem em nosso caminho, podemos escolher como enfrentá-las.

Escolha se cuidar e fazer aquilo que está ao próprio alcance, sempre que for possível. E não esqueça, jamais, que depois da tempestade sempre vem um dia de sol.

A beleza da fase que você vive agora

Mariana Gomes Ferreira Petersen

A maternidade precisa ser muito bem curtida. Bem aproveitada. Um pouco romantizada. Temos que falar dos perrengues, das dificuldades, das noites mal dormidas e das perdas de paciência. Temos que falar, pois falar é trazer para a consciência. E trazer para a consciência é o primeiro passo para aprender a lidar.

A verdade é que a maternidade de filhos pequenos é intensa, corrida e dá trabalho. Mas ela pode ser romântica, profunda e consciente. Em um piscar de olhos tudo vai mudar. É bem assim: em um dia estamos vendo nossos bebês dormirem em nosso colo e no dia seguinte eles estão correndo por aí, cheios de autonomia. É uma consciência que liberta e ao mesmo tempo machuca. Liberta porque assim fica fácil priorizar qualidade de tempo com os filhos. Liberta porque te joga pro momento presente, fomenta o romance, a capacidade de valorizar a voz suave e mimosa que chama *mamãe* a *todo-momento-sem-parar*, o sorriso farto e fácil com os olhinhos brilhando, a gargalhada alta e espontânea de quem acabou de ouvir a piada mais engraçada do mundo.

O abraço de bracinhos curtos que adoram procurar. A mãozinha gordinha que segura as pequenas coisas com a maior delicadeza já vista. Mas essa consciência tão libertadora também machuca. Porque o tempo não é congelável. É uma consciência que me invade quando vejo minha filha ir correndo e dançando pegar sua mochila rosa de princesas para ir pra escola, feliz, feliz por tão pouco. Mas é uma consciência que me faz querer aproveitar. Ficar. Viver. Acalmar. Sorrir e aproveitar a viagem.

Às vezes me vejo feliz em um dia cheio de pacientes no consultório porque estou mesmo precisando ficar sentada, fisicamente quieta, respirando e fazendo outra coisa que amo. Mas daí no outro dia a vontade já é estar com as crianças e viver tudo, o tempo todo, com elas. Conversando com tantas mães e mulheres que pensam e vivem a maternidade (pacientes, amigas, alunas...), me dei conta de que cada mulher tem sua necessidade e precisa do seu tempo. Mas quanto tempo cada uma de nós precisa para conseguir viver a maternidade com consciência, sem perder a devida dose de romantismo e leveza? Não sei ao certo a resposta, mas arrisco dizer que é o tempo suficiente que te permita viver e sonhar. Viver e contemplar. Com correria, sim. Mas com poesia. A experiência de ter um filho precisa de uma boa dose de poesia. De quanto tempo você precisa para viver sem deixar de sonhar? Talvez o tempo necessário para viver cuidando, também, de si. Fazendo sua vida ser boa você conseguirá ver a beleza da fase em que está agora.

Muito da harmonia da vida a dois carrega esforço, e talvez isso nenhuma crônica de romance te conte.

Amanda Gomes Ferreira Borges Fortes

O começo da vida a dois, um apartamento sonhado, uma sala com nossa identidade, quadros cuidadosamente escolhidos – finalmente, um lugar só nosso. O ideal romântico, por vezes ilusório, sugeriu que uma vida a dois seria descomplicada, livre de desafios. Contudo, a realidade revela que é um quebra-cabeça complexo de encantos e dificuldades.

Depois de anos de namoro, podemos desfrutar de uma rotina juntos, mas enfrentamos polêmicas na divisão de tarefas em casa. Podemos compartilhar sobre as alegrias e desafios do dia, mas também precisamos ter conversas sobre o supermercado. Ou sobre as contas. Ter um beijo ao chegar em casa coexiste com dificuldades de flexibilização em relação à organização do outro, exigindo adaptações constantes. Quem fará a cama? Por que os sapatos estão na sala?

Muito da harmonia da vida a dois carrega esforço. E talvez isso nenhuma crônica de romance te conte. A maturidade de uma relação não se mede pela ausência de conflitos, mas pela capacidade de enfrentá-los com empatia e compreensão. Nós nos atrapalhamos, nos desentendemos, mas nos reencontramos. Talvez a chave para uma relação duradoura resida na habilidade de se adaptar conjuntamente.

No fim, percebemos que a vida a dois é mais que um apartamento sonhado ou quadros bem escolhidos. É a construção paciente de um lar onde o amor é a cola que une os pedaços do nosso quebra-cabeça complexo. E assim, nesse constante processo de adaptação, encontramos a verdadeira beleza e durabilidade de uma relação que se renova a cada fase. Aqui é onde encontro disposição para trabalhar a dois a construção de um lar verdadeiramente feliz

Histórias de terapia

O medo de misturar as escovas de dentes

Rita enfrentou desafios ao dar esse importante passo no ciclo vital. Lembro-me bem de como ela sofreu hesitações sobre a decisão de morar com o namorado. Foi uma experiência que se revelou uma mistura complexa de expectativas e receios. *"Tenho tanto medo de perder a minha privacidade. De ele não gostar do jeito que eu faço as coisas. De ele ser muito bagunçado. Ou não gostar do meu cachorro"* – ela dizia, com os olhos angustiados.

Ela expressava abertamente o temor de perder sua individualidade ao compartilhar o espaço com o namorado. Era notável o medo de misturar as escovas de dentes. A ansiedade quanto à invasão do espaço seguro, o receio de se perder no relacionamento se faziam presentes nesse momento. Exploramos a importância de uma comunicação aberta e honesta, de estabelecer limites claros e de construir um espaço compartilhado que honre a autonomia de ambos.

Ao decorrer do tratamento, ela começou a vislumbrar a possibilidade de encarar esse novo capítulo com confiança e aceitação. O entendimento emergiu de que um relacionamento saudável não exige sacrifício da identidade, mas sim a habilidade de equilibrar a proximidade com o respeito à singularidade de cada um. Foi um processo desafiador, mas gratificante por estar do lado dela, ajudando-a a dar esse passo que era importante para ela no ciclo da sua vida.

Para você que está prestes a atravessar o "portal"...

Mariana Gomes Ferreira Petersen

Eu brinco com as minhas amigas que estão prestes a ganhar o primeiro filho que elas estão quase atravessando o *portal*. Não tem volta. É uma mudança profunda, abrupta, nada gradual, até imprevisível. Em quem nos transformamos, quando nos transformamos em mães?

A verdade é que a gente não sabe, até nos reconhecermos novamente.

Mudam prioridades, muda o olhar para a vida, muda a sensação de estar no mundo. Muda a noção de tempo. Muda o estilo de vida. Muda como? Isso eu não sei dizer. É subjetivo e vem da experiência de cada uma. Mas a certeza é que muda. E mudar gera medo. Então não nos resta mais nada a não ser ir com medo mesmo.

Para mim muita coisa mudou... mas a principal e mais libertadora: pequenas coisas se tornam gigantes. Um *bom dia* com um sorriso genuíno pode fazer tudo valer a pena. Um simples banho pode se tornar um momento de conexão. Um *mã-mã* pode ser absolutamente tudo que você precisa ouvir.

E as grandes coisas? Ah, aquelas coisas que só pareciam ser grandes? Aí é que mora outra mudança. Elas, na verdade, não eram tão importantes assim. Às vezes tudo que precisamos é ter a noção de que é nos pequenos momentos do dia a dia que a vida, de verdade, acontece.

Por que casamos?

Amanda Gomes Ferreira Borges Fortes

Em determinado momento da vida, o casamento se torna uma realidade para muitas pessoas. Conversando com amigos e pacientes, vejo que há um momento na vida em que se casar parece que se torna um passo quase obrigatório. As pessoas começam a te questionar. Os amigos a tua volta estão se casando. As tuas redes sociais começam a te mostrar vários conteúdos sobre casamentos.

Mas por que isso acontece? Será apenas uma pressão social? Ou algo mais profundo a ser considerado? A resposta está na nossa biologia. A biologia do cérebro humano é constituída para buscar apego, conexões emocionais e relacionamentos duradouros. Isso faz com que a decisão de casar seja uma forma de buscar atender a necessidades sociais, emocionais e reprodutivas.

Para mim, faz 13 anos que eu entendo que ter um ambiente de segurança e confiança emocional é muito importante. Sempre gostei da oportunidade de compartilhar alegrias e enfrentar desafios ao lado da pessoa que escolhi. Ao entendermos a base neurobiológica dessa decisão, percebemos que a escolha de um parceiro não deve ser superficial. Ou tomada de forma precipitada.

Investir tempo, refletir sobre as suas verdadeiras necessidades emocionais e procurar conexões genuínas com a pessoa que você escolhe contribuirá para construir uma relação rica e significativa. Casar-se torna-se, então, não apenas um capítulo na vida, mas um passo importante e profundo, no qual a ciência se entrelaça com a poesia dos sentimentos.

Que possamos enxergar o casamento não apenas como um elo social, mas como a celebração da busca humana por uma conexão genuína, estável e duradoura. É assim que a gente segue andando de mãos dadas.

Histórias de terapia
O *ponto-final daquele amor*

Beatriz olhou o porta-retrato na estante e se lembrou daquele dia. Aquele dia em que, ansiosos e cheios de vontade de viver, eles prometeram amor eterno. Parece que uma vida inteira se passou ao longo desses *breves longos* sete anos de união. Onde se perderam? Como se perderam? Beatriz não sabe dizer. Ela só sabe que o olhar mudou. O olhar entre eles. Mas isso seria até reversível, ela chegou a pensar. O problema é que pararam de olhar na mesma direção. Como pode alguém fazer tanto sentido e depois não fazer mais?

Beatriz imediatamente se lembrou do que sua terapeuta lhe disse na última sessão: "*Todas as vidas são importantes. Mas nenhuma deve importar mais que a tua própria*". Era isso mesmo. Ela precisava ter coragem de seguir em frente. Ela queria e merecia ser feliz. Então, respirou fundo. Olhou a última vez para aquela estante, sendo ainda moradora daquele apartamento e como esposa daquele homem.

Olhou o horizonte da janela. Ah, a janela! De lá ela podia enxergar os morros ao fundo da cidade. Ela fixou seu olhar o mais distante que conseguiu. Pegou sua mala enquanto uma lágrima corria em seu rosto. Olhou pra dentro de si. E seguiu em frente.

Histórias de terapia

Qual é o problema da intimidade?

Intimidade, algo tão profundo e raro de algumas relações. Ter intimidade é ter um lugar para descansar. Um lugar para se despir. Se despedir de armaduras, de defesas, de performance. Permite jantar em silêncio. Permite se jogar no sofá de qualquer jeito. Permite ser visto de qualquer jeito. Que lindo é viver sem pisar em ovos! – será mesmo?

João, ao longo de suas sessões de terapia, percebeu que a intimidade com sua esposa, inicialmente descrita como um refúgio, muitas vezes se transformava em armadilha sutil. Ele se percebia irritado com pequenas atitudes dela, que em suas outras relações, eram coisas que passavam desapercebidas.

"Ela faz barulho enquanto mastiga; isso me irrita profundamente. Não consigo relevar ou ignorar, porque é insuportável." – dizia João.

Não é raro negligenciarmos aqueles que acreditamos não necessitarem de atenção especial. Não é raro sermos hostis com quem temos a garantia que vai ficar. Será o conforto da certeza um risco para as relações?

Durante as sessões de terapia, João entendeu o quanto, ao invés de protegermos as nossas poucas e boas relações de intimidade, as contaminamos com uma rispidez desnecessária. Ele frequentemente se lembra do que sua terapeuta lhe disse: *"O mais perto que temos de controlar a nossa vida é escolher as nossas pessoas – e escolher como vamos nos relacionar com as nossas pessoas."* Que a gente possa preservar a verdadeira essência da intimidade, seguindo em busca de uma vida mais leve e feliz.

Talvez esse seja o luto

Um pêndulo constante de dor e aceitação

Amanda Gomes Ferreira Borges Fortes

Faz um pouco mais de um mês que você partiu. Ainda me lembro vividamente do dia em que ouvi a veterinária falando com uma expressão triste: *"Ela veio a óbito"*. Ainda dói muito lembrar esse dia. Lidar com luto não é nada fácil.

Desde esse dia tão temido, o tempo foi passando. Lembrei que, na semana passada, após ter encontrado vários amigos e ter dado boas risadas, pensei: *"Fazia tempo que eu não sorria assim. Acho que já estou na fase de aceitação do luto..."*

Mas na verdade as fases não são lineares. Elas vão e vem. A dor vai e vem. Alguns dias têm sido mais fáceis. Consigo me ocupar, me distrair. Até mesmo dar risada e aproveitar. Mas há dias em que a saudade aperta. Hoje foi um desses dias. Logo depois de eu ter me sentido melhor e mais pronta para enfrentar essa aceitação, me deparei com fotos e lembranças suas, e me doeu tanto! Talvez esse seja o luto – um pêndulo constante de dor e aceitação.

Sei que muitas pessoas não entendem essa dor seja por não terem um animalzinho, ou por nunca terem se apegado tanto ao seu animalzinho. Ou também reconheço que algumas pessoas são muito mais racionais que eu e lidam de forma mais prática com isso.

Mas sim, eu sei que é uma dor que vai passar. Eu sei que é uma despedida que obedece à ordem do ciclo vital e muitas pessoas já sentiram ou ainda vão senti-la – talvez eu mesma sinta essa dor de novo na minha vida. Mas hoje ainda sinto falta dela. Da Luna. Sinto falta daquela cachorrinha tão companheira, tão linda e tão doce que tivemos. Sinto falta do cheirinho dela, que lembro como se eu pudesse sentir agora. Sinto falta de fazer carinho no pelo macio e lindo que ela tinha ainda no final da vida. Tudo isso faz com que a dor seja persistente. E pelo tempo que for necessário, vou me permitir sentir. A jornada da dor à aceitação é única para cada um de nós, e no meu ritmo, vou seguindo e carregando comigo as memórias dos nossos passeios, dos nossos cafés da manhã juntas, das nossas brincadeiras com o urso branco no corredor, dos nossos abraços apertados em que você saía correndo. As suas marcas ficam pra sempre em mim, meu amor. Que sorte de quem também tem a chance de ser marcado por um animalzinho especial na sua vida!

AMANDA GOMES FERREIRA BORGES FORTES
MARIANA GOMES FERREIRA PETERSEN

O dia em que perdi minha filha na praia

Mariana Gomes Ferreira Petersen

"*Filha*, vai lá no mar lavar as mãos para irmos embora?" Eu a vejo indo. Eu a vejo voltar correndo, dançando. Alguém me chama. Viro-me para falar com a pessoa, depois olho novamente para onde estava minha filha, e ela não está mais.
 Começo a procurá-la, em silêncio. Vejo pessoas. Vejo barracas de praia. Vejo crianças. Não vejo minha filha. "*Calma, ela vai aparecer*" – Penso eu. "*Ela é atenta. Não é de sair correndo. Estará logo aqui*" – sigo conversando comigo mesma.
 O Bento, meu caçula, começa a chorar. "*Mamãe, onde você está indo? Quero ir junto*". Pego-o no colo. Começo a falar em voz alta. "*Me ajudem a achar a Maria. Minha filha sumiu. Por favor, me ajudem*". Pessoas se aproximam. Começam a bater palmas. Em poucos segundos já são muitas pessoas batendo palmas.
 Eu não sei se bato palmas ou se corro com meu filho no colo atrás da Maria. Não sei se olho para o mar ou para as dunas. Uma pessoa se aproxima e me alerta: "*Precisas falar com o salva-vidas*". Eu fico ali. Não sei se vou até um salva-vidas. Se choro. Se saio correndo. Se acordo de um pesadelo. Os minutos vão passando, e ela não está aparecendo. Começo a ficar verdadeiramente nervosa.
 "*Mariana, não te preocupes. Eu vou avisar o salva-vidas. Mas precisamos também avisar a policia. Tu tens uma foto para eu enviar à policia?*" Aí me dou conta. Não é um pesadelo. É real. Já se passaram vários minutos, e ela não apareceu. A praia toda bate palmas. Não encontro minha filha. Desabo a chorar. "*Calma, ela vai aparecer.*" – sigo tentando me regular.
 "*Mamãe, não chora. Vamos encontrar a Maria*" – me diz o Bento, sempre com uma capacidade de compreensão impressionante, mes-

mo com dois anos de idade. O tempo segue passando. Já se foram mais de vinte minutos. Pessoas perguntam qual é a cor do biquíni dela. Como é seu cabelo. Quantos anos ela tem. Perguntam se ela não pode ter ido embora com os avós. Eu respondo automaticamente, sigo procurando, mas sinto que não estou mais ali. Só respondo. E rezo para que alguma coisa aconteça. E daí acontece. *"Acharam! Ela está aqui! Ela está vindo."* E vejo-a no colo do meu marido, se aproximando. Desabo de novo.

Fim da história. Final feliz. E a sensação de alívio misturada com o medo de lidar com uma dura realidade: quando temos tudo, temos tudo a perder.

Não é sobre você

Mariana Gomes Ferreira Petersen

Há uma frase famosa que diz que o amor requer coragem. É verdade. A gente precisa se arriscar, se expor, investir sem garantias do que vai acontecer depois. Isso é um ato corajoso mesmo. Sei que isso não tem a mesma representação para todos, mas eu me senti muito corajosa quando o meu filho caçula nasceu. Eu era, então, mãe de dois. Multiplicar o amor e dividir a atenção. Como eu faria? No início eu tentava ser justa. Dividia mesmo, quase matematicamente, o tempo que eu tinha para viver com eles. Tempo juntos, tempo com cada um. Sabia que a mais velha estava sentindo a mudança e sabia que eu precisava desenvolver apego seguro com meu caçula. Foi tenso. Então, meu mais novo precisou ser internado com três meses de idade para tratar uma infecção urinária. E eu entendi. A ficha caiu: não era sobre mim. Era sobre eles.

Eu queria ser justa. Eu queria fazer tudo certo. Eu queria me dedicar igualmente. Mas não era sobre mim. Era sobre eles. Que mãe a Maria precisava? Que mãe o Bento precisava? O fato é que se a gente consegue se conectar emocionalmente, nós não somos iguais com cada filho. Porque eles são diferentes, e isso muda tudo. Aí entendi que se eu colocasse as minhas necessidades de lado para atender as necessidades dos meus filhos – algo tão desafiador e que requer consciência constante, eu saberia o que fazer. Conseguiria, então, ser mãe suficiente para eles dois.

Não é fácil. Às vezes não acontece. Mas quando acontece, flui. E quando flui, eu me sinto feliz. Genuinamente feliz. E agradeço a mim mesma por ter coragem e oportunidade de viver com consciência.

Escolha as suas pessoas
(e este não é mais um texto sobre relações ideais)

Amanda Gomes Ferreira Borges Fortes

Escolha as suas pessoas. O mais próximo que temos de controlar a nossa vida é escolher as nossas pessoas. É escolher com quem vamos nos relacionar. Com quem vamos compartilhar os dias. Os finais de semana. O tempo livre. Mas este não é mais um texto sobre relações ideais. Este não é mais um texto que você terminará pensando: *"Será que as pessoas que eu tenho ao meu lado são suficiente para mim?"*

Depois de passar por algumas situações difíceis no último ano, entendi que devo aproveitar mais as minhas pessoas. Passar mais tempo com elas. Tempo com intenção. Tempo de qualidade. Isso não significa que o tempo com elas será sempre bom. Muito menos inesquecível. Ou até mesmo que as pessoas que escolho são livres de dificuldades. Pessoas perfeitas para você não existem. Não existe aquela pessoa sempre disponível, validante, que te escute e que te divirta. Não é bem por aí. Eu diria que é quase ao contrário disso.

Quando identificamos as porções imperfeitas das pessoas é que podemos identificar que elas também têm partes boas, pelas quais vale a pena se relacionar. Quando identificamos as partes boas das pessoas é que nos tornamos mais tolerantes e resilientes com as porções imperfeitas delas próprias.

Essa é a dura realidade de que, mesmo escolhendo as nossas pessoas, devemos ter tolerância. Esse talvez seja o segredo para termos relações de qualidade. Só assim conseguimos aproveitar com quem vamos compartilhar os dias. Os finais de semana. O tempo livre. Ao aceitar as imperfeições, descobrimos que é justamente na complexidade das relações que está a verdadeira essência da vida.

Histórias de terapia

Uma das verdades mais duras da vida é que a gente magoa quem a gente ama.

Foi isso o que eu disse a Joana quando ela estava sentada no sofá do consultório, com as mãos secando as lágrimas que escorriam em seu rosto, depois de contar uma situação difícil que viveu nas férias com seus pais. O silêncio que se seguiu carregava o peso de uma revelação, de que, mesmo nos relacionamentos mais próximos, a imperfeição e a dor são inevitáveis.

Nesse ponto de sua terapia, Joana, com os seus recém-feitos 20 anos, estava começando a entender e se reconciliar com as imperfeições de seus pais. Quando iniciou a terapia, ela carregava uma bagagem de culpa e medo ao reconhecer que seus pais haviam falhado. A complexidade dos sentimentos em relação aos pais era um campo minado em que estávamos cuidadosamente navegando juntas. Com o tempo, entendemos que reconhecer isso não é uma traição ao amor que ela sentia por eles, mas sim uma forma de se proteger e, ao mesmo tempo, permitir-se aproveitar os aspectos positivos deles.

É com frequência que Joana se lembra da metáfora aprendida em terapia: *"Os porcos-espinhos, para se aquecerem durante o frio, precisam ficar perto um do outro. Mas, por causa de seus espinhos, não podem se aproximar demais sem se machucar. Eles precisam encontrar a distância ideal em que possam se beneficiar do calor sem se ferir."* Ao longo das sessões, exploramos estratégias para Joana aplicar essa metáfora em seu relacionamento com os pais. Discutimos como estabelecer limites saudáveis, como comunicar suas necessidades de forma assertiva e como reconhecer e valorizar os momentos de genuína conexão e amor. Ela foi, aos poucos, se tornando consciente de onde e como se aproximar, protegendo-se e, ao mesmo tempo, permanecendo aberta aos momentos de afeto. "*Eu acho que estou começando a entender*", Joana disse, um vislumbre de esperança em sua voz.

Ao fim da sessão, Joana parecia mais leve, embora consciente do trabalho árduo que a esperava. A reconciliação com as imperfeições de seus pais era apenas uma parte de sua jornada em direção ao crescimento pessoal e à cura. Mas ela estava no caminho certo, equipada com uma nova perspectiva sobre como navegar nas complexidades dos relacionamentos familiares.

Esse tipo de amizade...

Mariana Gomes Ferreira Petersen

Há uma amizade que se torna parte fundamental de quem a gente é. Esse tipo de amizade é colo, casa, história, abrigo, companhia pra ir e lugar pra voltar. Com esse tipo de amizade, não importa se você mora longe ou perto. Esse tipo de amizade sempre te devolve para dentro de ti mesmo.

Existe aquela amiga que sempre soube, sabe, vai saber. Sabe quem a gente é, lá na raiz. Sabe dos nossos defeitos. Sabe das nossas histórias. Sabe das nossas vergonhas. Sabe das nossas dores. E de todos os nossos amores. Nesse tipo de amizade sempre cabe a verdade, mesmo quando ela é dura. Naquelas horas em que a realidade parece tão difícil que dá vontade de sair correndo, essa amiga estende a mão e fica ali. E isso costuma bastar.

Existe aquela amiga que a gente gosta tanto que escolhe como família. E há gente da própria família que a gente gosta tanto que escolhe como amiga. Esse tipo de amizade significa apego, descanso, segurança, conflito, desconexão e a certeza da reconexão. É parceria, confiança, lealdade, um tipo de amizade raro, mas costuma acontecer.

E, quando acontece, a gente se dá conta de que esse tipo de amizade nada mais é do que uma variável livre, leve e segura...

...de amor.

O problema não é enfrentar um trauma

Amanda Gomes Ferreira Borges Fortes

Esta semana conversei com uma pessoa que enfrentou uma das situações universalmente consideradas como das mais desafiadoras da vida – a perda de um filho logo após o seu nascimento. Durante a conversa, fiquei surpreendida ao ouvir que, para ela, essa não havia sido a sua experiência mais difícil.

"Eu não me senti sozinha sequer um momento. Eu me senti tão amada e acolhida o tempo inteiro que parece que o trauma amenizou." – Disse-me ela. Essa revelação me transportou imediatamente para a minha própria história.

Especificamente, me lembrei de um momento particularmente difícil de saúde que vivi. Fecho os olhos e me lembro nitidamente do olhar do meu pai, que pouco se desviava de mim. Da dedicação inesgotável da minha mãe, que não saía sequer um minuto do meu lado, a não ser quando tinha que buscar algum remédio para me dar.

Do apoio do meu noivo, que largava tudo e saía correndo para me dar um abraço a qualquer que fosse o momento. Dos meus incansáveis sogros, que moveram mundos e fundos por mim. Das minhas amigas, que se fizeram presentes em forma de flores, chocolates e muitas ligações.

Recordo-me, com nitidez detalhada, de como me senti amada. Acolhida. Amparada. E como essa rede de apoio fez toda a diferença para que eu não apenas seguisse a minha vida, mas também seguisse com força e resiliência. E muito amor.

Nesta reflexão, me surgiu um *insight* profundo: o problema não é enfrentar um trauma na vida. O verdadeiro problema é enfrentar um trauma e se sentir sozinho.

A solidão diante da adversidade amplifica a dor, tornando a jornada ainda mais árdua. Tais vivências ressaltam a importância de estarmos presentes uns para os outros, oferecendo o suporte necessário para transformar a adversidade em uma jornada de superação e crescimento.

Me dei conta de que não te vejo assim

Mariana Gomes Ferreira Petersen

Vó, hoje tirei uma foto tua. Depois, em casa, rolando a câmera do meu celular eu vi melhor a tua imagem. E uma realidade dura me atravessou imediatamente: naquela hora, não te vi assim. Na verdade, me dei conta de que não te vejo assim. Assim, de cabelinhos brancos, pele sensível. Eu ainda te vejo com aquele olhar da criança que fui. Te vejo forte, independente, linda, loira, cabelos volumosos e penteados.

Fecho os olhos e vejo. Mais do que ver, eu fecho os olhos e toco nessas lembranças. A gente caminhando pela rua 24 de Outubro, indo comer uma torta de sorvete e conversar. Como era bom conversar contigo! Entender como as coisas funcionavam. Hoje me dou conta de que tu nomeavas tudo para mim. Me explicavas desde as coisas mais simples até as complexas que, geralmente, os adultos não sabem como abordar com as crianças.

E era assim que eu me sentia. Segura. Estar contigo sempre foi estar em um lugar seguro. Sempre foste elegante, moderna, à frente do teu tempo. Sempre soubeste o que dizer. Sempre querida, gentil, carinhosa comigo. Minha avó. A vovó.

E me dei conta, ao ver essa foto e pensar sobre ti, que ainda és tudo isso. O tempo passou, a imagem da foto mudou. Mas segues sendo extremamente lúcida, inteligente, sensata, segues à frente daquele e deste tempo. Segues me ensinando muito sobre a vida, e principalmente agora, que estamos aprendendo juntas a lidar com as dificuldades da idade avançada.

A verdade é que os anos passaram, nós duas envelhecemos. Não sou mais a menina. Tuas pernas não são mais tão fortes. Mas somos nós! E, se a imagem da foto mudou, saibas que o olhar é o mesmo. E ele sempre foi sinônimo de casa pra mim.

Sobre autoconfiança e a sabedoria das crianças

Mariana Gomes Ferreira Petersen

Diálogo com uma criança de 4 anos:
"Filha, amanhã é o primeiro dia de aula. Eu estarei por perto ajudando na adaptação do teu irmão. Caso você precise de mim, me chama."
"Ah tá mamãe, obrigada. Mas eu não vou precisar de você. Vou precisar é de mim."

Na minha casa sempre teve chocolate.

Amanda Gomes Ferreira Borges Fortes

Lembro-me com clareza quase palpável daquele armário que ficava em um canto acolhedor da nossa sala de jantar. Era uma peça de madeira robusta, com puxadores de ferro, testemunha silenciosa das pequenas alegrias cotidianas. Ele guardava preciosidades para qualquer criança: chocolates, salgadinhos e todas as delícias que a época oferecia. Até hoje, minhas amigas de infância se lembram, com nostalgia nos olhos, desse armário recheado que se tornou lendário em nossas histórias.

Fui criada com uma liberdade alimentar raramente encontrada em outras casas. Acredito que essa forma de viver a alimentação refletiu em uma visão descomplicada e livre de medos ou restrições. Longe de provocar descontrole, me ensinou a entender e respeitar os sinais do meu corpo, reconhecendo os sinais de fome e saciedade e a equilibrar, com maestria, o prazer e a necessidade.

A leitura de *O Peso das Dietas*, de Sophie Deram, foi um divisor de águas. Encontrei a validação de uma vida sem amarras de dieta. Reafirmei que a saúde não é medida pelo peso das dietas, mas pela capacidade de ouvir e respeitar o próprio corpo. Hoje, na minha prática como profissional de saúde, transmito os princípios que moldaram minha relação com a comida.

Tive o privilégio de ter essa liberdade que se refletiu em consciência para mim. Mas é claro que isso não é uma ciência exata e generalizável; é apenas a minha história. E para quem se interessar, deixo a dica do livro.

Histórias de terapia

Eram muitas críticas, olhares de reprovação e chutes embaixo da mesa quando eu me servia mais uma vez.

Foi o que disse Joana em uma de suas sessões de terapia. Sua história de vida foi marcada por controle e restrições alimentares. Desde muito nova, era levada a médicos e nutricionistas e submetida a dietas restritivas. No auge dos seus oito anos, ela não conseguia entender o que havia de errado com ela.

O peso emocional dessas experiências moldou sua vida adulta, contribuindo para uma relação conturbada com a comida, marcada por momentos de excessos e culpa, criando uma barreira difícil de superar em sua jornada para uma relação saudável com a comida.

Com o apoio de seu terapeuta, Joana começou a praticar a autoaceitação, aprendendo a ouvir seu corpo e respeitando suas necessidades sem julgamento. O ponto crucial em sua jornada foi a reconexão com a alegria de comer, redescobrindo o prazer de saborear alimentos sem culpa ou medo para que pudesse estar mais consciente de si, encontrando o equilíbrio entre fome e saciedade.

A lição final de sua terapia, e talvez a mais transformadora, foi a descoberta de que o amor próprio é o ingrediente mais importante na receita para uma vida saudável e equilibrada. Ela aprendeu a cuidar e a gostar de si. *"Não é mais sobre controle, mas sobre conexão e cuidado"*, diz Joana.

A verdadeira liberdade

Mariana Gomes Ferreira Petersen

Esses dias eu me dei conta do quanto o autoconhecimento já me *salvou* em diferentes momentos da minha vida. Sempre antes de uma tomada de decisão importante eu gosto de imaginar como vou me adaptar a uma possível mudança, e tenho como base a minha história pessoal e as minhas experiências anteriores. Mas há situações que são tão novas que a gente não consegue comparar com nada que já aconteceu. Então a gente se conecta. Imagina. Se imagina. Materializa mesmo, se enxerga vivendo a mudança. E observa como se sentiria se aquela fosse a realidade.

Fiz isso antes de decidir morar fora do Brasil por alguns meses, quando escolhi entrar no mestrado, em todas as vezes que me mudei de apartamento. Também fiz isso antes de casar e quando meus filhos estavam prestes a nascer. Dentre outros milhares de situações. Sempre ajudou. Ou sempre me salvou mesmo.

Em alguns desses momentos, lembro-me da minha terapeuta perguntar sobre como eu achava que aquela mudança em questão impactaria a minha vida. E, sinceramente, dentro de mim eu sempre sabia claramente a resposta. O que me atrapalhava é que por um bom tempo eu tive dificuldades em me bancar e assumir minha forma prática e objetiva de levar a vida.

Mas, com o tempo, com a maturidade e com a psicoterapia, eu aprendi a ser eu mesma, a me bancar, a me ajudar, a me acolher. Aprendi a ouvir com muita consideração a opinião que deveria ser a mais importante de todas para mim: a que eu tenho. A gente pode buscar a liberdade de diversas maneiras nesta vida. Mas, no fim das contas, ser livre é se conhecer, se aceitar e ser você mesmo.

Daquelas cenas que nos fazem refletir

Amanda Gomes Ferreira Borges Fortes

Eu estava na praia, no meu cenário ideal. Sentada numa cadeira de frente para o mar, pés enterrados na areia e uma água de coco em mãos. Que *match* perfeito para relaxar. E refletir. Enquanto eu contemplava o vai e vem das ondas, absorvendo o barulho que elas faziam, fui surpreendida pela aparição de um lindo cachorrinho branco.

De porte médio e orelhas erguidas, ele corria pela areia com alegria contagiante. Na hora, pensei que nunca o havia visto naquela região da praia antes. Entendi que provavelmente ele era novo por ali. Alguém tinha jogado uma bolinha para ele. Ele correu com a língua para fora, pegou a bolinha e voltou para entregá-la ao seu dono. E ficou esperando que ele jogasse de novo.

Isso se repetiu inúmeras vezes. Inúmeras mesmo. Ele parecia incansável. Aliás, ele era incansável. Talvez ele tivesse em torno de uns 3/4 anos – o auge da vida dos cachorros, cheio de disposição e energia. Sem dor nas costas. Com um preparo físico que talvez só o auge da vida permita. Perguntei-me se iria vê-lo novamente. Será que, no próximo ano, ao retornar à praia, ele ainda estaria lá? E quantos anos teria então?

Quanto tempo será que dura a disposição e a energia de viver dos cachorros? É muito pouco. O auge da vida dos cachorros dura muito pouco. Talvez uns três anos? Talvez essa cena tenha um prazo de validade. Essa constatação me fez ponderar sobre a transitoriedade da vida e a passagem do tempo.

Ela me fez pensar que cada momento que a gente vive talvez só seja permitido ser vivido pela fase em que estamos. Pela idade que temos. E isso vale para qualquer idade. Cada fase da nossa existência é única e permite vivências específicas. Essa percepção sobre o ciclo vital, embora possa ser assustadora, carrega uma beleza singular. Há beleza em saber aproveitar cada etapa, em atender às nossas necessidades e em explorar nossos potenciais. Isso requer uma profunda consciência. Mas vale a pena. Que a lembrança desse pequeno cachorrinho branco sirva de inspiração para valorizar cada instante da vida. Afinal, a vida é passageira, e devemos vivê-la plenamente.

A grande ironia do autocuidado

Amanda Gomes Ferreira Borges Fortes

Recentemente, uma paciente expressou sua frustração sobre não conseguir regular a sua raiva, e me questionou: *"Amanda, como você faz para equilibrar suas emoções?"* No mesmo instante, fui projetada para a minha noite passada: estava sozinha em casa, enfrentando uma situação que particularmente me havia irritado.

Para baixar a poeira, decidi cuidar de mim: tomar um banho demorado e fazer aquela hidratação no cabelo que amacia a alma. Me questionei, porém, se essa seria a resposta adequada a compartilhar. Eu diria *"cuido do meu cabelo?"* E sobre aqueles dias em que a solução parece ser uma série acompanhada de uma taça de vinho? Parece inadequado responder isso...

Logo me lembrei do que tanto vejo nas redes sociais sobre autocuidado: meditar 20 minutos por dia, escrever três páginas no diário, beber dois litros de água, fazer yoga ao amanhecer. Parece que todos nós recebemos o mesmo manual de instruções para *funcionar bem*, não é mesmo?

Mas, e se nesse dia, o que eu realmente precisasse fosse de uma boa conversa com um amigo, ou quem sabe, apenas sentar em silêncio, observando a chuva cair lá fora? A verdade é que o autocuidado, vendido hoje como uma receita de bolo, muitas vezes não leva em conta o ingrediente principal: a individualidade.

Cada um de nós é um universo particular. Como poderíamos, então, esperar que uma lista fixa de tarefas de autocuidado atendesse a todos de forma igual? É quase como tentar usar a mesma chave para abrir diferentes fechaduras. O verdadeiro desafio, e talvez a grande ironia do autocuidado, é a necessidade de estar conectado consigo mesmo para entender o que realmente precisamos.

Não há uma regra de ouro, nenhum manual definitivo que possa nos dizer como nos autocuidar corretamente, porque o *corretamente* varia de pessoa para pessoa, de momento para momento. Pode ser que em certo dia, o autocuidado signifique fazer uma maratona da sua série favorita, enquanto em outro seja resolver aquela pendência que está te tirando o sono há semanas.

Então, em vez de responder à minha paciente com uma receita pronta de autocuidado, escolhi compartilhar uma verdade mais complexa, porém genuína: "*Ontem eu fiz uma hidratação no meu cabelo*" – ela me olhou curiosa e riu.

O autocuidado é uma arte flexível, que exige de nós a habilidade de nos escutar profundamente e ter a coragem de atender às nossas necessidades, sejam elas quais forem, sem julgamento ou rigidez. E talvez essa seja a resposta mais adequada de todas.

E, depois que sentir, volte.

Mariana Gomes Ferreira Petersen

Viaje para conhecer outros lugares, para ver a vida através de outros olhares, para se proporcionar novas experiências. Viaje para olhar o mar. As árvores. A cidade. A montanha. A flor que nasceu bem ali, no meio daquele caminho. Coisas que a gente só repara mesmo quando desacelera da rotina.

Viaje com quem você ama, para ter tempo de qualidade em maior quantidade. Viaje sozinho, para saber gostar de estar na sua melhor companhia. Viaje para fugir de si. Viaje para voltar a si. Viaje para aprender a ser mais prático. Viaje para investir seu dinheiro em memórias que serão eternas dentro de você. A vida é só essa. A vida é agora. Viaje para ter momentos e lugares para recordar. Para conhecer a história. Para escrever a sua própria história.

Viaje para sentir...

E, depois que sentir, volte. E, ao voltar, descubra qual é a sensação de estar no lugar que você escolheu para ser seu.

Histórias de terapia

O segredo está em fazer escolhas.

Em uma tarde chuvosa, Paula entrou no consultório carregando o peso emocional de um casamento difícil, visível em seu olhar. Entre lágrimas contidas, compartilhava a complexidade de sua situação. Enfrentava um dilema entre o desejo de se separar de um relacionamento já desgastado e a vontade, talvez maior, de proporcionar à sua filha um ambiente familiar com o pai e a mãe unidos. Essa decisão, aparentemente simples para alguns, não era fácil para ela. Mas ali estava ela, sentada no sofá do consultório, com uma xícara de café nas mãos, observando a chuva deslizar pela janela, desabafando, chorando. Era o seu espaço – de ser vista e ouvida, por mim e por ela mesma. Um espaço para entender suas prioridades e escolhas.

Após muita reflexão, Paula expressou o desejo de proporcionar à filha a convivência plena com ambos os pais, mesmo que isso significasse aceitar as imperfeições do casamento. Para ela, a relação e a convivência integral com a filha eram mais valiosas do que a ideia de um casamento ideal. Essa decisão pode não ser compreendida por todos, mas foi a escolha de Paula. Essa revelação gerou nela uma força resiliente para enfrentar os desafios que viriam.

Conforme o tempo passava, Paula encontrou, nas adversidades, oportunidades para crescer e fortalecer os laços familiares. Ela aprendeu que a aceitação não significa conformidade, mas a coragem de enfrentar a realidade e buscar transformá-la com amor e dedicação. No final, a maior lição que Paula e sua família aprenderam foi que a verdadeira felicidade e harmonia residem na capacidade de abraçar as imperfeições da vida, comprometendo-se com os valores que verdadeiramente importam para si.

AMANDA GOMES FERREIRA BORGES FORTES
MARIANA GOMES FERREIRA PETERSEN

Quando a gente ama (é claro que) a gente cuida.

Mariana Gomes Ferreira Petersen

"*O amor é pra quem tem coragem*".
A primeira vez que vi essa frase, ela me impactou. Ela pareceu tão direta, tão verdadeira, e pareceu encaixar em tantos contextos diferentes, que eu nunca mais esqueci e, frequentemente, repito isso para mim mesma e para as pessoas próximas em cenários completamente distintos. Pensar nela parece indicar a solução quando a gente trava.

Ser corajoso é ter disposição e força emocional para enfrentar os próprios medos. E amar dá medo, né? A gente tem medo de perder. Medo de se perder. Medo de frustrar. Medo de se frustrar. Medo de se vulnerabilizar, medo da dor emocional, medo de não dar conta de cuidar de uma relação.

Cuidar exige esforço, exige intencionalidade, exige dedicação e uma certa dose de autossacrifício. Assim é com os amores de todos os tipos. Assim é com nosso parceiro, com pai, mãe, irmão, filhos, conosco mesmos, com amigos, com o trabalho, com a nossa casa.

A verdade é que só amar não basta. É preciso amar e cuidar. O que seria o mesmo que dizer que é preciso se dedicar para manter o amor vivo. A grande armadilha é que, dentro de algumas pessoas, cabe muito amor. Talvez mais amor do que a capacidade de dedicação dê conta. E, sendo assim, alguns momentos da vida adulta exigem o estabelecimento de prioridades para decidir onde investir a própria dedicação. É na carreira? Na família? Nos amigos? Em si mesmo?

Escolha duas ou três prioridades. Aprenda, humildemente, a falhar no resto. Mas não deixe de se acolher, validando que na vida alguns *nãos* precisam ser ditos para que possamos viver os *sins* que, de verdade, desejamos para nós. Sabe por quê? Porque a resposta de tudo é o amor. E o amor, jamais esqueçam, requer coragem.

O segredo escondido nas amizades de infância

Amanda Gomes Ferreira Borges Fortes

Era fim de expediente. Eu havia acabado o meu último atendimento do dia, enquanto o sol se punha na janela, deixando o céu com tons quentes. O meu celular começa a tocar. É uma chamada de vídeo inesperada de uma amiga de infância, que hoje mora em outra cidade. Ansiosa, já me preocupei que poderia ter acontecido alguma coisa e atendi rapidamente: "*O que aconteceu?*" e então me deparei com uma mensagem que me faria embarcar numa jornada emocional inesperada: "*Você aceita ser a celebrante do meu casamento?*"

Era um convite para desempenhar um papel central em um dos dias mais significativos da vida dela. Aquele convite não era apenas um pedido para ser a celebrante do seu casamento; era uma prova do tempo, daquelas tardes sem fim que vivemos juntas na nossa infância. Era uma ponte com o passado, quando compartilhávamos sonhos tão grandiosos quanto o auge dos nossos oito anos permitiam.

Ah, as amizades de infância... É lindo ver que há pessoas que a nossa criança escolheu e que se mantiveram presentes no resto da vida. É curioso como essas amizades têm o poder de moldar nossas vidas de maneiras que só percebemos ao longo dos anos. São elas que nos conhecem profundamente, que lembram de quem éramos quando ainda estávamos descobrindo o mundo e nossos lugares nele. Lembram-nos das nossas raízes, de onde viemos e, de certa forma, para onde sempre podemos voltar. É uma amizade que sobrevive ao teste do tempo, crescendo e se adaptando na medida em que ambas mudam e evoluem. São essas conexões que independem de interesses em comum ou fases da vida. Elas nos lembram que não importa o quão longe vamos; sempre haverá um pedaço de casa nos corações daqueles com quem compartilhamos nossos sonhos de infância.

E ali estava eu, em uma chamada de vídeo, emocionada ao fazer parte, mais uma vez, de um desses nossos sonhos se tornando realidade. Inúmeras ideias sobre o discurso já me vieram à tona naquele exato turbilhão de emoções. Mas essas eu vou deixar pra compartilhar depois do casamento...

Ah, os domingos...

Amanda Gomes Ferreira Borges Fortes

Domingo é dia de acordar sem hora. Sem pressa. Domingo é dia de abrir as janelas e deixar a luz natural preencher cada canto, enquanto o cheirinho de café se espalha pela casa. É dia de improvisar a rotina. De fazer o que se tem vontade. De baixar o volume das vozes exigentes.

Domingo é dia de estar com quem se ama, seja em presença ou em pensamento. De enviar mensagens para aqueles que estão longe, para conversar com calma e se lembrar do afeto que existe nas relações. É dia de ler aquele livro esquecido na estante. De assistir a um filme clássico ou descobrir uma nova série, permitindo-se rir, chorar e sonhar. Domingo é um convite à reflexão, a fazer uma pausa e olhar para dentro, reconhecendo os desafios, as conquistas e os aprendizados. E ao cair da noite, domingo se despede devagar, deixando a promessa de uma nova semana cheia de possibilidades. É dia de dormir com a alma leve, já sentindo falta da tranquilidade que só um domingo sabe oferecer.

Um dia da minha rotina...
mas poderia ser da sua
Especial Semana da Mulher

Acordar às 6h, tomar café. Arrumar as lancheiras das crianças. Vestir-se e sair para caminhar no parque, testemunhando o dia começar de maneira preguiçosa – como é bom estar na cidade antes de ela acordar? Aquele barulho de pássaros, pessoas varrendo as folhas da calçada, passeando com seus cachorros, deslocando-se para o trabalho. Um pouco de paz antes de acelerar o ritmo.

Voltar para casa, acordar as crianças, tomar café da manhã em família – mas rápido; afinal de contas, hoje é segunda-feira. Escovar os dentes dos pequenos, arrumar a mochila, colocar o uniforme. Ah! Não esquecer que hoje é o Dia do Brinquedo na turma da mais velha e de passar repelente (pois o mosquito da dengue está aí). *Check*! Dar um beijo de tchau em cada um e desejar boa aula.

Tomar banho correndo, arrumar-se, ir para o consultório. No caminho, pedir entrega de frutas e farmácia, pois as fraldas estão acabando. Chegar no trabalho, tomar uma xícara de café. Olhar a lista de pacientes do dia, atender com a máxima atenção e escuta possível. Entre pacientes, responder mensagens de WhatsApp e fazer duas ligações que não podem esperar.

Ao meio dia, ir buscar as crianças no colégio e curti-las no tempo de almoço. Organizar a tarde, dar outro beijo de tchau e voltar um pouco mais para o consultório. Depois, ir na reunião da escola. Emocionar-me ao pensar que esse é o último ano da educação infantil da filha mais velha – sim, há emoção no meio da correria. Depois, no caminho para casa, passar na livraria para comprar os materiais escolares que faltam.

Chegar em casa, brincar, dar banho, tomar banho, jantar em família, conversar sobre o dia das crianças, do meu marido, do meu. Colocar os pequenos na cama, contar historinhas. Contar tudo que fizemos e o que faremos amanhã. Dizer para eles sonharem com os anjinhos. E, imediatamente, pensar que eles é que são os meus anjinhos. Deitar-me, ler ou ver uma série com meu marido. Agradecer.

Um dia da minha rotina... mas poderia ser da sua

Especial Semana da Mulher

Acordar com aquele despertador que toca no fim da madrugada mas no único contexto que a gente acha bom. É porque é dia de viajar, né?

Tomei coragem e fui. Sempre quis viajar sozinha. Mas tinha medo, vergonha, insegurança. Não sabia se conseguiria me sentir bem. Gosto de estar na minha companhia... mas viajar sozinha soa estranho. O que podem pensar? Ah! Lembrei-me das minhas sessões de terapia e das conversas que tenho tido comigo mesma. A vida que mais importa é a minha. E, depois de tudo que eu passei, mereço viver e me sentir livre como, de fato, sou.

Venho aprendendo a ser dona de mim. Dona dos meus desejos. Dona dos meus sonhos. Tenho vontade de conhecer o mundo. Como é ser mulher na Argentina? Nos Estados Unidos? No Canadá? Na Islândia? Na China? Na Índia? Eu sei como é me sentir mulher no Brasil.

A gente vem lutando, mas os índices de violência contra a mulher ainda são absurdamente altos. Três a cada dez mulheres são vítimas de violência doméstica no nosso país (*Datasenado*, 2022). Fora os outros atos violentos contra a mulher.

Então eu valorizo muito me sentir livre. Sentir a liberdade preencher meu peito. Tomar as rédeas da minha vida e proporcionar a mim mesma experiências que eu sei que mereço viver. E por isso, depois de muito tempo, eu me libertei: viajar sozinha não soa estranho. Soa muito bem, aliás. Lá vou eu! Orgulhosa do que construí e segura de que tenho sede de vida.

Esse foi um dia da minha vida mas poderia ser a descrição do sentimento e ação de muitas de nós. Nós, mulheres. Mulheres que se desdobram em mil, mas que vivem com intensidade e batalham para serem tudo que escolhem ser.

AMANDA GOMES FERREIRA BORGES FORTES
MARIANA GOMES FERREIRA PETERSEN

Um dia da minha rotina...
mas poderia ser da sua

Especial Semana da Mulher

Acordar mais cedo do que havia programado o despertador. Perder o sono. Aproveitar para fazer aqueles 20 minutos de bicicleta, já que não daria tempo para fazer algum exercício naquele dia. Que sorte que ganhamos uma bicicleta para ter em casa. Durante o exercício, escutar um *podcast* de duas mulheres que refletem sobre as demandas da vida. Hora de terminar o exercício, mas ainda não terminou o *podcast*. Seguir escutando enquanto faz o café da manhã. Cuidado para não se atrasar. Tomar banho, lavar o cabelo, secar o cabelo, arrumar-se e ir ao consultório. Que privilégio ir caminhando para o trabalho!

Passar pela frente do salão onde faz as unhas e lembrar que, naquele dia, o almoço seria corrido porque havia marcado para fazer as unhas no horário de almoço. Era o que dava para encaixar, já que terá um evento no final de semana. Mulheres que se importam com isso entenderão: a logística é diária.

Chegar no consultório. Encontrar os colegas. Passar um café, enquanto se conversa brevemente sobre as novidades. É hora de começar os atendimentos. Entre os atendimentos, gerenciar necessidades físicas – fazer xixi, tomar um copo d'água, e mais uma xícara de café. Responder WhatsApp. Cuidado para não se atrasar.

Ao meio-dia, almoçar rápido para não perder tempo e conseguir fazer as unhas. Ainda vai dar tempo de passar na farmácia para comprar um remédio que está acabando. Voltar para o consultório. Participar de um grupo de certificação internacional, a qual está quase sendo alcançada.

É bom poder estudar e se aperfeiçoar no meio da rotina. Mas isso faz lembrar de várias pendências de estudos. E várias ideias de projetos para colocar em prática. Já é hora dos próximos atendimentos. Assim segue até o final do dia.

O dia está acabando, mas ainda há uma janta que havia combinado com as amigas. É bom encontrá-las, rir, falar de coisas que só as mulheres entendem. Conversar, rir, desabafar. Encontros que reenergizam. Mas é hora de ir dormir. Chegar em casa, deitar na cama e colocar uma série. Dormir antes mesmo de o letreiro começar.

Esse foi um dos dias mais cheios da minha semana, mas poderia ser a descrição de muitas de nós. Nós, mulheres. Mulheres que se desdobram em mil, mas que vivem com intensidade e batalham para serem tudo o que escolhem ser.

Um dia da minha rotina... mas poderia ser da sua

Especial Semana da Mulher

Acordar às 4h30. É um dia normal para quem trabalha em outra cidade. Tomar um banho rápido para acordar e logo já sair de casa para pegar o trem que deve passar em seguida. Se demorar para pegar o trem, perderá o ônibus. Mas a filha de 15 anos está acordada. Ela ainda não dormiu.

Pelo jeito ficou conversando com os amigos pelo celular durante a madrugada. Não saber como agir, mas conversar com a filha para que ela durma, já que ela terá que acordar em duas horas para ir à escola. Começar uma discussão. Ir embora no meio da discussão mesmo, pois não é possível atrasar-se. Chegar a tempo de pegar o trem.

As amigas estão lá também. Ufa! Um momento de conversa, desabafo e risadas com elas. É impressionante como isso deixa a rotina mais leve. Já é hora de pegar o outro ônibus. Chegar ao trabalho e saber a rotina como a palma da mão. Limpar a casa, lavar as roupas, fazer o almoço.

Depois de um dia intenso, que começou antes mesmo de o sol nascer, e cheio de tarefas que exigem tanto física quanto emocionalmente, o retorno para casa traz um misto de alívio e mais responsabilidades. Ao abrir a porta, o pensamento é um só: ainda há muito o que fazer.

Ao encontrar a filha, pedir desculpas pela briga da manhã, mas explicar as preocupações sobre o futuro, que ruminam na cabeça. Ela escuta. É hora de ajudar com a lição de casa e preparar alguma coisa para o jantar. No entanto, ao perceber que a filha já tinha feito o tema, um sentimento de orgulho toma conta. A vida poderá tornar-se mais fácil pra ela.

O jantar é simples, mas feito juntas, o que torna tudo mais especial. Entre risadas e histórias do dia, a conexão se fortalece. Após o jantar, dedicar um tempo para si, mesmo que breve. Um momento de pausa, uma xícara de chá, e a reflexão sobre o dia. Sim, foi exaustivo. Sim, houve momentos de tensão. Mas também houve momentos de conexão, de aprendizado mútuo. Dever cumprido, dia vivido... em frente, sempre!

Esse foi um dos dias mais cheios da minha semana, mas poderia ser a descrição da rotina de muitas de nós. Nós, mulheres. Mulheres que se desdobram em mil, mas que vivem com intensidade e batalham para serem tudo que escolhem ser.

Um dia da minha rotina... mas poderia ser da sua

Especial Semana da Mulher

O despertador toca às 6h30, um lembrete de que um novo dia começa, mas não apenas para mim. Lá está ele, com seus olhos brilhantes e cheios de expectativa, meu companheiro de quatro patas, ansioso pelo nosso ritual matinal de carinhos e passeio pelo parque.

É nesse momento, enquanto observo sua alegria contagiante ao correr livremente, que sinto uma pontada de culpa por ter que deixá-lo sozinho em casa para ir trabalhar. Trabalhar em casa tem seus desafios, mas nos últimos tempos tornou-se uma necessidade para equilibrar minha carreira com o bem-estar do meu *pet*.

Entre reuniões *on-line* e *deadlines* apertados, há sempre um par de olhos que busca atenção, e pausas para brincadeiras tornam-se essenciais, não apenas para ele, mas para o meu próprio bem-estar. A presença dele traz calmaria, um lembrete de que, no meio do caos do dia a dia, existem momentos simples que trazem alegria e aconchego.

No entanto, o equilíbrio é delicado. Há dias em que as demandas do trabalho se estendem, e sinto o peso da culpa ao vê-lo deitado, olhando para mim, esperando por um momento de atenção que parece não chegar. Mas então vem o fim do dia, quando finalmente posso fechar o *laptop* e dedicar meu tempo a ele.

Sim, são várias abdicações por ele. Questiono-me com frequência antes de deixá-lo sozinho em casa. Isso já gerou atrito em algumas relações que tive. Mas confesso que o melhor momento do meu dia é quando nos acomodamos no sofá, ele com a cabeça em meu colo. A verdade é que, apesar dos desafios, não trocaria essa vida por nada. Cuidar dele e vê-lo feliz, me faz também feliz.

Esse foi um dos dias mais cheios da minha semana, mas poderia ser a descrição de muitas de nós. Nós, mulheres. Mulheres que se desdobram em mil, mas que vivem com intensidade e batalham para serem tudo o que escolhem ser.

Amanda Gomes Ferreira Borges Fortes
Mariana Gomes Ferreira Petersen

Um dia da minha rotina... mas poderia ser da sua

Especial Semana da Mulher

É hora de acordar. O primeiro pensamento ao despertar é se a noite foi tranquila para sua mãe, que nos últimos anos tornou-se mais frágil e dependente de cuidados constantes. A rotina havia se alterado muito nos últimos tempos. Era um momento que exige paciência e sensibilidade para cuidar de quem já cuidou de tantos.

O dia se desenrola entre equilibrar o gerenciamento da casa, as demandas de seu trabalho, e, claro, os cuidados com a sua mãe. Entre um vai e vem de consultas médicas, é preciso encontrar tempo para fazer as suas próprias coisas. As consultas precisam ser agendadas e acompanhadas, e a administração de medicamentos precisa ser monitorada.

Apesar dos desafios, há também momentos de alegria e gratidão. A gratidão por poder retribuir o cuidado recebido na infância, a alegria encontrada nas histórias recontadas e em uma vida compartilhada. São esses momentos que amenizam as dificuldades e que fazem valer a pena cada esforço, cada noite mal dormida, cada preocupação.

Ao final do dia, após garantir que sua mãe esteja confortável e segura em sua cama, resta um momento de reflexão pessoal. O cuidador pode finalmente cuidar de si. É hora de recarregar as próprias energias.

Cuidar de uma mãe idosa é uma jornada de amor, sacrifício e resiliência. É aprender sobre os ciclos da vida, sobre a força que reside na vulnerabilidade e sobre a beleza de retribuir o cuidado que um dia nos foi dado.

Toque no tempo

Mariana Gomes Ferreira Petersen

Quando ela chegou... meu mundo parou. Eu lembro da voz do meu obstetra anunciando a chegada da minha filha mais velha: "*A Maria vai nascer*", ele disse, nomeando o que eu esperava ansiosamente por muitos anos. E logo depois ela saiu de mim. Eu jamais vou conseguir esquecer porque lembrar disso é lembrar um dos motivos pelos quais eu vivi a minha vida inteira.

Hoje eu me pego completamente chocada quando vejo que o corpinho dela atravessar a minha cama. Ela era um bebê. Cabia dentro do meu travesseiro. Ontem. Há algum momento da nossa vida que a gente finalmente entende que a vida passa. Existem várias maneiras de se conectar com isso. Mas certamente ter filhos é uma delas.

Então, toque. Toque no tempo. Toque no seu bebê. Tenha ele 2, 20 ou 50 anos. Toque na vida. Veja-a passar, ou, melhor: viva-a passar.

Pois é isso mesmo. A verdade é que ela vai passar. Está passando. Assim como um pequeno bebê, que muda absolutamente quando dá uma volta inteira ao redor do sol. É necessário reconhecer que esse ritmo vai até o fim. Às vezes mais visível, às vezes mais invisível. Mas vai até o fim.

Se o amadurecimento do nosso corpo é inevitável, a chave para a aceitação não é tentar evitar que isso aconteça, mas sim escolher como a gente quer que isso aconteça. Escolha sua vida. Não deixe que seja um *acidente*. Lide com as adversidades sabendo que são esses momentos que vão te deixar forte. Sentir-se forte é sentir-se livre. Fale o que sente, cuide do que faz, se responsabilize pelo que escolhe. E, claro, permita-se mudar.

Caso você ache que não dá mais tempo de mudar, lembre-se do caso de um bebê. Um ano pode parecer pouco. Mas a verdade é que às vezes é o suficiente para uma enorme, concreta e revolucionária mudança.

"All you need is love"... será mesmo?

Amanda Gomes Ferreira Borges Fortes

Pause por um instante e pense em uma situação em que você se sentiu profundamente amado. Recorde o quentinho da doce sensação de se sentir amado...

Amar e ser amado é uma poderosa afirmação da vida. É o que dá vida à nossa vida. Diferente de qualquer outra emoção básica, o amor tem o poder de curar. O amor transforma a dor em alegria, o desespero em esperança. É um antídoto contra a solidão.

O amor é um potente agente de mudança. Ele nos impulsiona a superar os nossos limites, a buscar uma versão melhor de nós mesmos. O amor nos inspira a criar, a sonhar, a realizar. Mas para que aquela cena que você imaginou fosse concretizada, a pessoa que estava com você fez mais do que amar.

Ela teve cuidado. Ela olhou para você com calma. Foi necessário que se desprendesse de suas próprias necessidades, optando por estar ao seu lado naquele instante. Ela se determinou a ser a pessoa que você lembraria quando pensasse em amor. E isso não é uma tarefa simples. Demanda sacrifícios e comprometimento.

Então, *"all you need is love?"*

O amor, por si só, não é a resposta completa. O amor deve ser acompanhado do cuidado. Da empatia. Da determinação e da paciência. O amor precisa desses elementos para prosperar.

Amar é uma dedicação. É um verbo de ação. Cuide daqueles a quem ama. Procure entender aqueles que você ama. E é somente por meio da compreensão e do compromisso que o amor se torna transformador e capaz de fazer a diferença em nossas vidas.

Não tenha medo de mudar.

Mariana Gomes Ferreira Petersen

É a esperança que mantém a energia na vida. É ver o amanhã. Gostar do que se vê. Ou, ao menos, saber que mesmo nos momentos mais difíceis, um novo caminho pode ser desbravado. Algum movimento, por mais insignificante que pareça, sempre poderá ser realizado. E com esse movimento vem uma pequena mudança. E com a mudança, a vida acontece.

A vida acontece quando você resolve criar coragem, pedir demissão e encarar um novo desafio. Ela acontece quando você decide mudar de endereço. De cabelo. De opinião. Ela acontece quando você decide mudar o caminho. Quando você decide mudar a paisagem. Quando você decide mudar o olhar. Ela acontece quando você decide dizer que ama. Quando decide fazer o que ama. Quando decide ser a pessoa que você mais ama.

Então, nas horas mais difíceis, movimente-se. Não no sentido literal da palavra (ou sim, literalmente?). Porque, tenha certeza, qualquer movimento gera mudança. E a mudança... ah, a mudança! Pode trazer esperança.

E a esperança, vocês sabem...

... é o que mantém a energia na vida.

Histórias de terapia
Uma dose de previsibilidade

Ele chegou no consultório, sentou-se e me olhou com um pouco de revolta.
"*Como é possível eu ter tanta dificuldade em me organizar?*" – ele disse.
"*Puxa, faz tempo que percebi o impacto positivo do exercício físico na minha vida. Sinto-me falhando, pois já vimos que correr todos os dias, pra mim, é um antidepressivo natural. Mas não consigo colocar essa prática na minha rotina. Cada dia surge alguma coisa. Tem dia que estou cansado, tem dia que preciso resolver algo do trabalho antes, tem dia que preciso levar o Pedro no colégio, tem dia que estou viajando. Cada dia é uma coisa. E a cada dia preciso encaixar a corrida. Estou cansado. Estou falhando. Tento decidir, todos os dias, qual o melhor horário para correr. Mas tenho falhado em descobrir. E aí não persisto.*"
Olhei-o.
Baixei o tom de voz; ele estava brabo e precisava de ajuda para se acalmar.
Com firmeza mas um tanto de sensibilidade, falei: "*João, talvez esse seja o problema*".
Ele ficou me olhando. Pensativo. E daí eu segui: "*Sim, esse. Todos os dias temos dezenas de decisões para tomar. Se a nossa rotina está estruturada, várias decisões automaticamente são tomadas. E isso economiza energia psíquica.*"
É que a rotina estrutura, organiza, fomenta a disciplina, traz estabilidade. É assim com as crianças, com jovens, adultos e idosos. O ser humano gosta de uma boa dose de previsibilidade. Veja bem: não é sobre rigidez. É sobre previsibilidade. Organize-se para ter disciplina. E tenha disciplina para conquistar objetivos de longo prazo.

Da adversidade à liberdade

Amanda Gomes Ferreira Borges Fortes

Nós não somos livres para escolher. Em algum momento, nós vamos sofrer. Vai ser um divórcio, uma demissão, uma doença ou um luto. Um término, uma insônia, uma decepção ou uma rejeição. O sofrimento inevitavelmente existe. Quando estamos no meio da história, ela não é uma história; é apenas uma confusão. Ela é apenas vários pedaços quebrados de vidro no chão, sem termos a clareza do que fazer com tudo aquilo. Precisamos quebrar para depois juntar. Viver para ver. Distanciar-se para ressignificar. Só assim conseguimos começar a falar sobre essa história para nós mesmos ou para outras pessoas. Talvez seja nesse momento que a gente tenha o mais próximo do que chamo de liberdade: liberdade de ressignificar o que a gente viveu. Dar um sentido. Atribuir um significado. Encaixar na nossa história de vida.

"Isso aconteceu comigo e por isso hoje sou... Depois do que vivi, entendi que..." E só assim o sofrimento fará sentido. E a história terá um final, que será nossa liberdade de criá-lo.

Ainda não sei nada...
mas tenho tudo.

Mariana Gomes Ferreira Petersen

Entramos no nono mês. Ainda estamos no apartamento da Santa Cecília, diferente do que tínhamos planejado. Na realidade, filha, muitas coisas fugiram do planejado desde que eu e teu pai tentamos entrar nesse universo da maternidade e da paternidade. Eu ainda não sei como é ser mãe, mas tenho a sensação de que o principal a gente já tem: um bercinho confortável, roupinhas limpas, cobertores fofinhos te esperando e muito, muito amor e muita vontade de fazer dar certo. Mas hoje eu quero mesmo é escrever sobre a ansiedade.

Tenho dormido mal... no final a barriga incomoda, mas não é isso que está tirando meu sono. É que às vezes eu acordo no meio da madrugada, olho pro lado e fico pensando em como será quando tu estiveres ali. Falta tão pouco, mas ao mesmo tempo é tão surreal, tão forte, tão inimaginável pra mim... depois de tanto sonhar contigo!

Tenho a sensação de que a sociedade problematiza tudo, torna tudo mais complexo. Lista de enxoval? Técnicas para ajudar o bebê a dormir? Tipos *certos* de *bodys* e cueiros? Aliás, o que é cueiro? Eu não sei direito. E sinceramente não me parece que eu precise saber. Tenho medo de que o excesso de supérfluos me tire o olhar sensível de viver o que é essencial. E essencial, eu sei, é eu aprender a me conectar contigo. Então meu amor, hoje, é por essa consciência que, todo dia, eu agradeço. E sonho. E fico ansiosa. Afinal de contas, muito vale o que muito custa. E tu vales a vida inteira para mim.

Falta tão pouco... e parece que um universo me separa da mulher que sou hoje e da mulher que serei em poucos dias. Vem, meu amor. Estou louca para descobrir o essencial, que, tenho certeza, "*é invisível aos olhos*".

Histórias de terapia
A liberdade por trás dos limites

Naquela manhã, Lucas entrou no consultório de terapia com um misto de esperança e resistência. Na última sessão, havia sido feita a organização e o planejamento de sua rotina e de seus horários. Lucas cresceu em um lar onde as regras eram inexistentes. Seus pais, por escolhas próprias ou desconhecimento, nunca estabeleceram limites claros ou expectativas sobre comportamento, horários ou responsabilidades. Em teoria, Lucas tinha total liberdade, mas essa ausência de estrutura o deixou despreparado para enfrentar o mundo real.

Adulto, ele se via constantemente lutando contra a maré dos atrasos crônicos, das faltas sem justificativa e do descompromisso. A terapia estava sendo um desafio para Lucas. A ideia de introduzir uma rotina com regras em sua vida parecia contradizer tudo o que havia vivido. Com frequência, tenta recapitular o que aprendeu em terapia: limites não são apenas barreiras, mas também estruturas que oferecem suporte. Aos poucos, ele começou a experimentar uma sensação de satisfação frente a sua dedicação: melhor gerenciamento de tempo, respeito pelos compromissos assumidos e, mais importante, respeito por si mesmo e pelos outros. Entendeu que os limites não são restrições à liberdade, mas sim necessidades emocionais que proporcionam segurança e estrutura. Em um mundo que frequentemente celebra a liberdade sem restrições, a jornada de Lucas destaca a beleza e a necessidade de encontrar equilíbrio através de disciplina, paciência e afeto.

Amanda Gomes Ferreira Borges Fortes
Mariana Gomes Ferreira Petersen

Entre o cuidado e a cobrança

Amanda Gomes Ferreira Borges Fortes

Esses dias eu me lembrei de quando eu li um livro famoso de autoajuda que ensinava um método para melhorar a produtividade e para aumentar o bem-estar. Talvez alguns de vocês conheçam esse método. Por um tempo, eu fui a pessoa que o praticava: acordava às 5h da manhã para alongar; e para meditar; e para fazer exercícios; e para escrever as metas do dia; e para mentalizar cenários positivos – e nem me lembro mais o que eu tinha que fazer. Mas, após algum tempo seguindo essa rotina rigorosa, percebi que, ao invés de me sentir cuidada e revitalizada, sentia-me mais cobrada e esgotada. A epifania veio quando uma amiga me perguntou: *"Mas por que você faz isso?"* E na hora a resposta: *"Para me sentir melhor"* pareceu tão errada.

Eu me dei conta de que o que era para ser benéfico tinha se transformado em mais uma fonte de estresse. Desde então, busco ser consciente da diferença entre cuidado e cobrança, mesmo que essa linha seja muito tênue em alguns momentos. Acredito que a consciência das próprias necessidades faz a diferença nessa jornada. As necessidades emocionais são como bússolas internas que nos guiam. Mas elas variam – a cada semana, a cada dia, a cada momento. Entender isso foi libertador. Comecei a perceber que não precisava de uma rotina extremamente estruturada para me sentir produtiva ou satisfeita.

A verdadeira produtividade e bem-estar vêm de ouvir o que realmente precisamos. Às vezes, o que realmente precisamos é de uma manhã lenta, com uma xícara de café na mão e sem pressa para começar o dia. Outras vezes, pode ser que uma corrida ao nascer do sol ou uma conversa com um amigo. Ao adotar essa mentalidade, não apenas minha produtividade melhorou, mas também minha satisfação geral com a vida. Essa nova abordagem também me ajudou a ser mais tolerante e compreensiva com os outros. Percebi que, assim como eu, cada pessoa tem suas próprias necessidades emocionais e físicas que variam dia após dia.

Compreender isso tornou minhas interações mais ricas e empáticas, fortalecendo minhas relações. Então, se você está se sentindo sobrecarregado pela sua rotina ou pelas expectativas dos outros, talvez seja o momento de fazer uma pausa e perguntar a si mesmo: *"O que eu realmente preciso agora?"*

O que o jogo de tênis e a vida têm em comum?

Mariana Gomes Ferreira Petersen

Muito. Não podemos jogar sozinhos, assim como não podemos viver sozinhos.

Não podemos decidir o ritmo do jogo, assim como não definimos o ritmo da vida. Precisamos perceber a batida e fluir com ela. Precisamos aceitar o ir e vir, as cortadas, os balões, a suavidade ou a firmeza da bola. E assim é na vida.

Não adianta se revoltar contra o que vem; precisamos enfrentar e improvisar o melhor que pudermos com a capacidade que temos. Mas no jogo, assim como na vida, ter visão estratégica faz muita diferença. Às vezes se ganha, às vezes se perde. Mas cada jogo é uma oportunidade para se aprender a jogar melhor. Assim como cada desafio é uma oportunidade para se aprender a viver melhor.

Assim como na vida, os nossos movimentos e a nossa estabilidade emocional definem o desfecho do jogo. E, assim como no jogo, os nossos movimentos e a nossa estabilidade emocional definem a experiência de viver e a tomada de decisões. Mas não esqueça que o jogo é rápido. Requer estratégia e um tanto de improviso. Requer conexão e um tanto de impulsividade. Requer foco. Requer intencionalidade. Requer treino. E ainda assim pode ser muito divertido.

No final do jogo, fica a satisfação, o aprendizado, a experiência de ter estado em quadra e vivido as diversas emoções que uma partida de tênis consegue proporcionar. E no final da vida?

"Quem espera que a vida seja feita de ilusão, pode até ficar maluco ou morrer na solidão."

Amanda Gomes Ferreira Borges Fortes

Ontem, um domingo qualquer, em que eu estava dirigindo, escutei uma música – que a propósito eu já devo ter escutado inúmeras vezes por ser um clássico do Titãs, mas só ontem que prestei atenção na letra.

"Quem espera que a vida seja feita de ilusão pode até ficar maluco ou morrer na solidão".

Essas palavras, simples e diretas, me fizeram parar para pensar sobre quantas vezes nos perdemos em expectativas irreais sobre a vida. Como é comum ver pessoas esperando que tudo seja tão mágico quanto nos contos de fadas. Mas a vida, ah, a vida... ela tem seus próprios roteiros, escritos longe dos nossos sonhos idealizados. Ela é feita de momentos, alguns tão belos que nos tiram o fôlego, e outros tão duros que nos fazem questionar a própria jornada.

Esperar que seja apenas um caminho de rosas é um convite à decepção. A verdade é que a idealização é uma defesa que nos afasta da realidade. O risco que corremos por viver na fantasia é a desconexão. É um risco de vivermos desconectados. Do que temos. De quem temos. Pode levar à solidão. As fantasias se desfazem como fumaça. Em um piscar de olhos elas desaparecem. E o que fica? A nua e crua realidade. *Pode até ficar maluco.*

A música na rádio serviu como um lembrete de que, embora seja humano querer escapar para um mundo de fantasia, principalmente em tempos difíceis, há uma beleza profunda na aceitação da vida como ela é. Isso não significa resignar-se ou perder a capacidade de sonhar. Pelo contrário, significa encontrar a coragem para enfrentar a realidade de frente, com todas as suas imperfeições, e ainda assim ser capaz de sonhar e trabalhar por algo melhor. É nesse equilíbrio delicado entre aceitação e aspiração que encontramos nossa verdadeira capacidade de cura e crescimento.

É preciso saber viver.

Calçadas que contam histórias

Mariana Gomes Ferreira Petersen

Um dia desses eu peguei as crianças e fui pra beira do Guaíba. Brincamos muito. Conversamos. Rimos. Vimos o pôr do sol, que a gente chama de "*o mais lindo do mundo*". Na volta, de tão cansados, eles acabaram dormindo no carro. E daí fiquei sozinha: trânsito das 18h em uma sexta-feira qualquer de Porto Alegre.

Coloquei uma MPB no som do carro e vim absolutamente sem pressa, fazendo uma coisa que eu adoro, mas pouco consigo: dirigir com calma ao anoitecer e aproveitar as luzes acesas dos apartamentos para imaginar como eles são por dentro. Passei pelo edifício Dom Feliciano e me lembrei dos meus sábados de infância, no final da tarde, brincando na pracinha na frente da Santa Casa, antes de dormir nos meus avós.

Segui pela Independência e passei pelo apartamento que era da minha bisavó, onde a gente ia alguns domingos da minha velha infância, sempre no final da tarde. Aquelas construções antigas, modernistas. Vista para o Bom Fim, onde sempre é bom de estar. Ouvindo os sinos das igrejas pela janela. Já foi a São José, Santa Terezinha, Santa Cecília, agora São Pedro. Sons que me trazem paz. Sons de Porto Alegre.

E, falando em independência, quantas vezes aquelas calçadas me guiaram ao Centro Histórico? Para resolver problemas, ir ao cursinho, fazer compras no Mercado Público. Foram incontáveis vezes. Eu sempre adorei caminhar por esta cidade. Porto Alegre é grande, mas tem muitas vantagens de uma cidade pequena.

Então, cheguei no lugar da cidade que tem cheiro de casa: Praça Júlio de Castilhos. Na minha história, é muito mais do que uma simples praça. É e sempre será de onde eu vim. Mostardeiro, Florêncio Ygartua. Quantos momentos eu vivi ali? Não sei. Mas lembro com o coração, mais do que com memórias que eu possa relatar aqui. Eu sinto hoje como era estar ali ontem. Certos lugares se conectam diretamente com emoções. E emoções nos remetem às memórias com grande relevância na construção de quem somos, sejam elas boas ou ruins. Moinhos de Vento, Zona Sul, Praça da Encol, Parcão, Redenção, Petrópolis, Higienópolis. Calçadas que contam histórias. Histórias que formam pessoas. E é por isso que essas calçadas são um pouco minhas também. Andando um pouco mais, cheguei em casa. Na minha casa. Nasci, me criei, fiquei. Mesmo com todos os defeitos de uma cidade grande brasileira, ainda quero ficar. Porto Alegre, é verdade. Tu me tens.

Histórias de terapia

Foi um abraço. E bastou...

Já fazia um ano que Marcela e seu marido tentavam, sem sucesso, engravidar.

O sonho de gestar um bebê e se tornar mãe era cada vez mais concreto, e, ao mesmo tempo, parecia cada vez mais distante. Por diversas sessões, tudo que falávamos era sobre o desejo dela em ser mãe. Mãe do seu filho, aquele com quem ela sonhara a vida inteira. Mas que demorava tanto para chegar.

Meses de tentativas, indutores de ovulação, ecografias, exames de gravidez negativos. Frustrações sucessivas. Sensação de desamparo constante. Desesperança a cada menstruação e renovação da fé a cada dia 2 do novo ciclo. Assim foram passando os dias, semana após semana. Mês após mês.

Até que, quando fazia quase um ano que estavam tentando, o positivo veio. Marcela tremia, não acreditava no que via. Fez mais de cinco (sim, cinco) exames para confirmar que estava mesmo grávida. E estava. Por oito semanas, esteve. Quis o destino que ainda não fosse a hora certa. Marcela teve um aborto espontâneo, depois de dias de esperança renovada e ânsia por viver aquele futuro. Angústia, desespero, tristeza, luto. Dor. No corpo e na alma. Só quem passou por uma perda gestacional entende o que é ver a maior conquista da vida escorrer pelas mãos.

No dia da psicoterapia, Marcela entrou, sentou-se na recepção. Como de costume. Eu abri a porta, e ela desabou em prantos. Chorou, chorou, chorou. Entregou-me a dor dela, e eu a segurei, o mais forte que pude naquele momento. A intervenção foi um olhar genuíno, um respiro fundo. Não havia o que dizer. Ofereci meus braços.

E foi o meu abraço, naquele momento, que bastou.

AMANDA GOMES FERREIRA BORGES FORTES
MARIANA GOMES FERREIRA PETERSEN

Um abraço pode dizer muito. Naquele momento, ele disse: *"Estou aqui. Vou passar por isso ao teu lado. Dói. Mas, se dói, é porque vale muito. E se vale muito... é um sonho pelo qual você deve batalhar. Hoje, minha querida, estamos vivendo um dia de tempestade na tua vida. Nessas horas a gente não lembra, mas tenha certeza que depois de toda tempestade, em algum momento, o sol volta a aparecer."* Mas as palavras não foram necessárias. Havia tudo isso (e muito mais) naquele abraço.

Três conselhos que eu daria a mim mesma se pudesse voltar no tempo

Mariana Gomes Ferreira Petersen

1) Aceite o tempo das coisas.

Persista, mas saiba que aceitar a realidade que a vida impõe ajuda a manter a serenidade em tempos difíceis. Atribua um significado e um aprendizado a tudo de ruim que lhe acontecer. Há tempo de sofrer, tempo de ser feliz. Tudo faz parte da vida. Viva a experiência e abrace o processo.

2) Não dê tanto valor ao que os outros pensam.

Valorize sua visão, conheça seus valores. Aproxime-se de pessoas que sejam parecidas com você. Opiniões contrárias sempre existirão; ninguém sairá ileso e ninguém será unanimidade. Faz parte do jogo.

3) Viva cada momento no aqui e agora, o máximo que puder.

Cada fase traz suas experiências e aprendizados e, às vezes, na ânsia de passar para a próxima etapa e ter o que não podemos viver agora, perdemos a consciência de aproveitar o momento presente. O tempo não volta.

Histórias de terapia

Era domingo de Páscoa...

Era domingo de Páscoa. Fazia tempo que não se falavam. Nas sessões de terapia, João trabalhava incessantemente sobre a culpa que sentia. Não queria ter ido embora, mas não soube como fazer de outro jeito. Sentia vergonha, medo, arrependimento. Se pudesse voltar no tempo, ele faria diferente. Mas o tempo de agora era o hoje. E hoje, já tinha acontecido. Mas era domingo de Páscoa, e a Páscoa representa esperança e renascimento. Logo se lembrou da sua psicoterapeuta, que, com segurança, afirmou que em tudo na vida havia a parcela de responsabilidade dele. João costumava se vitimizar pelos "acontecidos da vida", se achava "azarado" e pouco tomava as rédeas para trilhar seu próprio caminho.

Mas "em tudo na vida havia a parcela de responsabilidade dele". Era verdade, afinal de contas. Era a verdade mascarada pelas suas estratégias disfuncionais desenvolvidas. Dentro dessa parcela, sempre haveria o que fazer.

Então ele criou coragem. Encheu o peito. Respirou fundo. E foi. Bateu na porta dela com a humildade que faltara no passado.

Ela, com lágrimas nos olhos, estendeu os braços. E sabe por quê? Porque era domingo de Páscoa.

Então era dia de esperança, renovação e fé na vida.

O mar da vida

Amanda Gomes Ferreira Borges Fortes

Recentemente, fiz algo que adoro: parei para olhar o mar. O azul imenso se juntando ao azul claro do céu sempre me fascinou. Me acalmou. Olhar o mar faz eu pensar na vida. A vida, assim como o mar, está em constante movimento. Não para nunca. A cada segundo que passa estamos vivendo. Estamos sempre em movimento, seja ele externo ou interno. E, assim como o mar, a vida tem seus altos e baixos. Tempestades vêm, ondas grandes se formam, mas depois tudo se acalma. Os problemas que enfrentamos, com o tempo, se encaixam na nossa história, como peças de um quebra-cabeça, ajudando a formar quem somos.

O mar nos ensina sobre constância e calma, mesmo com todas as mudanças. A vida, com suas idas e vindas, seus dias claros e escuros, também busca esse equilíbrio. É aquele relaxar no sofá depois de um dia longo, ou tomar um café da manhã tranquilo num domingo. A vida pede esse equilíbrio, e o mar, de alguma forma, sempre me ajudou a encontrá-lo. A vida nos pede equilíbrio. O mar a equilibra. A vida, assim como o mar, é uma imensidão. Com infinitas possibilidades. Com uma estável instabilidade. Com correntezas que variam de força e de direção. Com tons mais quentes e mais frios. Com ondas maiores e menores.

Cada onda que passa é única e não volta, mas sempre vem outra, trazendo novas chances. Olhar o mar é como ver a vida passar – cheia de momentos, aprendizados e possibilidades. Sempre virá uma nova onda com novas oportunidades. Quero que este texto faça você parar um pouco e pensar na vida. Tudo isso faz parte da poesia de olhar o mar – e viver a vida.

Amanda Gomes Ferreira Borges Fortes
Mariana Gomes Ferreira Petersen

Histórias de terapia

Ela não foi a primeira nem será a última pessoa a me dizer isso.

"*Eu sei que a mudança dele não vai durar muito tempo. Daqui a um tempo tudo volta ao normal.*" Depois de mais uma briga, Pedro, marido de Patrícia, estava tentando ser mais presente em casa, conforme ela havia pedido. Ele havia feito o supermercado, comprado as coisas que ela gostava de comer e preparado o jantar para eles todos os dias na última semana.

Embora ela goste muito de quando ele está assim, ela suspirou já frustrada e demonstrando um ar de desesperança de que a mudança e conexão dele iria durar por mais tempo. Ela não foi a primeira nem a última pessoa a me dizer isso. O mesmo cenário se repete inúmeras vezes. As pessoas chegam à terapia com pouca esperança de que o cenário em que vivem se mantenha modificado. Se mantenha melhor.

"*Ele só vai voltar ao normal dele se você também voltar*" – ela me olhou pensativa. Então se lembrou da sua tendência a manter tudo guardado, esperando que ele leia seus pensamentos ou perceba por si só o que está errado. Então, continuei: "*Essa mudança temporária que você vê nele é uma resposta ao conflito recente, um esforço para se reconectar. Mas, se ambos caírem nos mesmos padrões antigos, essa reconexão será, inevitavelmente, breve.*"

Quando falamos sobre mudança, é fundamental que as pessoas sejam parceiras nessa jornada, abrindo espaço para diálogo e autorresponsabilização, em vez de esperar que apenas o outro tome a iniciativa. Ao final da sessão, havia um entendimento de que, embora não pudéssemos controlar as ações dos outros, o poder de mudar a forma como respondemos e nos relacionamos está em nossas mãos. Patrícia frequentemente se lembra disso quando precisa investir em seu casamento. Ela passou a ser mais ativa na criação de um relacionamento satisfatório.

Testemunhar uma injustiça da vida dói demais.

Mariana Gomes Ferreira Petersen

Testemunhar uma injustiça da vida dói demais. Arranca a beleza e te joga para o martírio que, às vezes, é estar aqui. A morte de uma criança destrói a poesia de tudo, detona a beleza de qualquer paraíso, é um rasgo na alma. É tanto, que a angústia ultrapassa a barreira do corpo e dá vontade de gritar. Gritar bem alto, para alguém fazer alguma coisa. Para alguém chegar e desfazer a injustiça. Para alguém devolver, por favor, aquele olhar ingênuo que a vida podia receber antes de ter acontecido o que aconteceu.

O luto dói. Muito. Mas um luto injusto, extremamente precoce, ah... esse dilacera. Ele é violento. Ele arranca a esperança e faz a gente olhar pro futuro com muito medo. Medo de seguir em frente. Precisando seguir em frente, mesmo assim.

Então, em um longínquo momento do agora, vem a fé. Ela precisa vir. É ela que vai jogar o colete salva-vidas quando for a hora certa. Ela que volta, de mansinho, trazendo a força de acreditar que pode ser possível, ainda, voltar a sorrir. Jamais da mesma forma. Experimentando a existência com várias cicatrizes e hematomas que só a surra da injustiça é capaz de proporcionar.

Há momentos em que o existir dói demais. Não há palavras que curem. Não há abraço que segure. Não há olhar que console. Nessas horas só nos resta sentir, em uma grande corrente, e juntos. Algumas dores são suas, minhas, nossas. Quando um pai e uma mãe perdem uma criança, dói no ponto mais profundo da alma de todos nós.

Precisamos conversar.

Amanda Gomes Ferreira Borges Fortes

Precisamos falar. Trocar ideias. Colocar para fora. Não apenas conversar, mas nos comunicar de verdade com aqueles que caminham ao nosso lado. Expressar-se é abrir a porta do nosso mundo interior para outra pessoa. Quando a gente fala, a gente organiza o pensamento. A gente se escuta. A gente se entende. Precisamos conversar sobre o que nos faz rir até a barriga doer, sobre o que nos deixa acordados à noite, olhando para o teto. Sobre os medos que apertam o coração e as esperanças que trazem sentido à nossa vida. Precisamos falar sobre o futuro, sobre o que sonhamos para nós mesmos.

Comunicar é também ouvir, verdadeiramente ouvir, não apenas esperar a nossa vez de falar. É entender que cada palavra dita carrega um pedaço de alguém e de uma história. É na comunicação que encontramos compreensão, apoio e amor. É falando que dissipamos mal-entendidos antes que se transformem em abismos gigantes. É compartilhando que encontramos conforto nos momentos de dúvida e solidão.

Precisamos conversar, sim. Mas mais do que isso, precisamos nos conectar. Deixar de lado os telefones, os computadores, as mil e uma distrações que a vida nos oferece. Deixar de lado o medo de falar.

Da próxima vez que você sentir aquele impulso de compartilhar algo, não hesite. Seja um plano grandioso ou um detalhe pequeno da sua tarde, fale. Porque é na simplicidade da conversa que moram as maiores conexões. Precisamos conversar, hoje e sempre, pois é através das nossas palavras que mostramos ao mundo, e uns aos outros, quem realmente somos.

A simplicidade de uma criança

Mariana Gomes Ferreira Petersen

Estávamos, eu e meus filhos (de 5 e 3 anos), conversando sobre desejos, incentivados pelo filme *Wish*, da Disney.
Perguntei ao mais novo: *"Filho, qual é o teu desejo?"*
Disse ele:
"Acho que nada, mamãe... eu já gosto das minhas coisas."
Nisso, a mais velha responde: *"Já sei, Bento! Se você não quer nada, porque não pede um arco-íris na pracinha?"*

Não é sobre a chegada.

Mariana Gomes Ferreira Petersen

Sábado foi o casamento do meu irmão, e ele disse uma coisa para sua noiva, no discurso, que jamais vou esquecer. Não vou esquecer porque as palavras entraram direto pra dentro do meu coração, fizeram sentido e, tenho certeza, criaram morada. Há algumas frases que eu jamais esqueço. Elas me guiam, como mantras a que recorro quando preciso decidir algo importante. Ou quando busco uma resposta que eu ainda não tenho.

Ele disse mais ou menos assim: *"Desejo que a gente possa chegar aos 80, 85 anos, juntos. Vamos passar o dia inteiro sentados em poltronas confortáveis, lendo. Recebendo a visita dos nossos filhos, netos e, quem sabe, bisnetos. Olharemos para trás sabendo que tudo valeu muito a pena, que a vida foi muito boa. Com orgulho de tudo que construímos e dos desafios que superamos. Viver essa jornada, contigo, é o que eu mais quero."*

Achei tão simples e tão forte ao mesmo tempo que chega a me dar uma angústia misturada com alívio. Angústia por entender que a vida passa, está passando, é só uma. Com sorte, eu já estou chegando perto da metade. Faz tempo que entendi que não sou eterna, mas sempre que eu me deparo com esse fato nu e cru na minha frente eu sinto um frio na barriga diferente. Alívio porque a gente busca tanto entender o sentido de tudo, mas a resposta é tão simples.

É sobre a sensação de gratidão que pode preencher o peito em uma segunda-feira qualquer, só porque o tempo está ameno e deu tempo de sentar-se no café com mesa na calçada para tomar um cafezinho. É sobre o bom-dia de todas as manhãs. Para seus filhos, seu marido, sua esposa, seus pais, seus irmãos, seu colega de trabalho. Para você mesmo. É sobre a emoção de chegar aquele sonhado dia. Aquela viagem. Aquele grande momento. É sobre um domingo qualquer, em que invade uma sensação de paz ao tirar um cochilo no final da tarde. Ouvindo a chuva. Ou testemunhando o sol se pôr. É sobre uma conversa com uma amiga de infância, um encontro inesperado, sobre rir até a barriga doer. É sobre chorar achando que a dor será eterna, mas sabendo que nunca é. É sobre um dia na praia, uma caminhada no parque, uma noite estrelada. É sobre o que não fazemos quase nunca e é novidade, ou sobre o que fazemos todos os dias.

Mas o ponto é que não é sobre a chegada. *"Olharemos para trás sabendo que tudo valeu a pena, que a vida foi boa..."*. É e sempre será sobre a jornada.

Histórias de terapia

Quem menos merece é quem mais precisa.

Marco chegou ao consultório com semblante duro, respostas afiadas e uma impaciência palpável. *"Tempo é dinheiro, e eu não tenho nenhum dos dois a perder"*, falou ele logo no começo da sessão. Respirei fundo. Reconheci silenciosamente o trabalho que teríamos pela frente. Busquei fazer uma escuta atenta e intervenções precisas para que assim desenrolasse um novelo de contradições que Marco apresentava. Era nítido que por trás de tanto desdém estavam muitas necessidades emocionais não atendidas.

Foi um processo lento, marcado por muita resistência. Mas eu permaneci ali com ele, com afeto e gentileza. Talvez ninguém da vida dele tenha feito isso antes. Quem menos parece que merece, é que mais precisa. Com a presença segura de um vínculo constante que se formou aos poucos, chegamos lá.

Ao falar de seu pai, as palavras saíram relutantes, carregadas de uma emoção crua que ele lutava para controlar. *"Ele nunca disse que estava orgulhoso de mim... Nunca"*, Marco revelou, sua voz baixa quase se perdendo no silêncio do consultório.

Aquele homem que sempre se orgulhou de sua invulnerabilidade, permitiu que uma lágrima escorresse por seu rosto. Era a primeira vez que ele se permitia expressar abertamente suas dores. Eu permaneci em silêncio, oferecendo espaço para que ele sentisse a totalidade desse momento. Essa lágrima marcou o início de uma transformação profunda. Esse momento de vulnerabilidade não apenas alterou a dinâmica de nossas sessões de terapia, mas também iniciou uma mudança significativa na maneira como Marco se via e se relacionava com os outros.

Estava começando uma nova vida, em que Marco descobriu que mostrar a sua verdade não apenas fortalece seus laços com os outros, mas também faz dele uma pessoa mais leve e mais autêntica na forma de viver a vida. A vulnerabilidade é uma perspectiva interessante – principalmente nos *invulneráveis*.

AMANDA GOMES FERREIRA BORGES FORTES
MARIANA GOMES FERREIRA PETERSEN

Por que eu comecei a escrever?

Amanda Gomes Ferreira Borges Fortes

Logo que aprendi a escrever, ganhei um diário. Lembro-me bem dele: era um caderno pequeno, com a imagem de um dálmata na capa (*101 Dálmatas* tinha todo o meu amor na época). Nele eu escrevia os meus pensamentos tão profundos quanto o auge dos meus seis anos permitia. Nele eu contei do dia que achava que tinha visto uma nave espacial voando no céu. Contava também do quanto eu amava os meus pais. E o meu cachorro. O que poderia parecer trivial para um adulto, simbolizou, para mim, o início de uma jornada de autoconhecimento e de exploração do mundo.

Conforme cresci, continuei escrevendo. Lembro que em todas as viagens com a minha família, eu gostava de anotar o que acontecia no dia nos pequenos blocos de notas ao lado do telefone nos quartos de hotel. Meus pais lembram-se bem disso. Guardamos vários desses blocos cheios de recordações. Mas confesso que, como todos os hábitos da vida, houve fases em que ele ficou de lado. Não sobrava tempo. Ou eu não priorizava mais escrever. No ano passado, a minha vida teve vida própria e me levou para caminhos difíceis e inesperados de trilhar.

Foram quatro meses sem caminhar, notícias difíceis de receber, duas cirurgias importantes e uma despedida que, por mais que obedeça à ordem do ciclo vital, foi difícil de aceitar. Foram períodos de imensas adaptações e readaptações. Retomar o hábito de escrever durante um período tão turbulento foi como uma âncora, mantendo-me conectada à minha essência. Aquele bom e velho hábito de escrita me permitiu entender as minhas emoções, dar nome aos medos e esperanças, e encontrar alguma ordem no meio do caos que me rodeava.

Além disso, a escrita tornou-se uma prática de *mindfulness*, um momento para estar presente comigo mesmo, para refletir e reconhecer minhas próprias necessidades emocionais. A cada texto era uma nova oportunidade para fazer uma pausa, respirar e reconectar com o que realmente importava. Esses textos não são apenas relatos escritos. Eles são os lembretes da minha capacidade de enfrentar desafios, de me adaptar e, principalmente, de encontrar beleza e significado nas circunstâncias mais difíceis da vida. A vida não é sobre o que acontece com a gente – é sobre como escolhemos ver as coisas que nos acontecem.

Por que eu comecei a escrever?

Mariana Gomes Ferreira Petersen

Escrever é processar. Acomodar. Refletir. Doar e escolher palavras que transpareçam nossa visão de mundo. Para mim, escrever me ajuda a atribuir significado ao que me acontece. Por meio da escrita sinto que deixo minha marca no papel, na tela, na passagem do tempo. Mesmo sendo psicóloga e usando a escuta e a fala como instrumentos principais do meu trabalho, é com a escrita que sinto me expressar melhor. Sempre escrevi para mim e para os outros. Sempre gostei de contar histórias. A experiência de me tornar mãe, no entanto, me trouxe à tona a necessidade de colocar para fora sentimentos que transbordavam em mim. O caminho foi mais longo e desafiador do que pensei que seria, e, quando engravidei da minha primeira filha, a sensação de gratidão tomava conta de cada canto da minha alma.

Dizem que a gratidão é uma forma de a felicidade se fantasiar. Concordo. Era tanto, mas tanto, que eu não sabia direito nem como lidar com essa quantidade de sentimentos no meu coração... então comecei a escrever. No início eram apenas pensamentos. Despretensiosos. Então comecei a entender que, mesmo sem saber, eu estava fazendo uma espécie de *diário* da minha experiência de ser mãe. E isso continuou mesmo depois do nascimento da Maria, dos primeiros anos dela, da gestação do Bento e de seus primeiros meses. E aí, de repente, eu percebi que esses pensamentos e percepções contavam a história da nossa família. Transformei essa série de textos em livro (*All For You – a História da Minha Família*) e já estou no volume II. Alguns desses textos eu tornei públicos nas redes sociais, com incentivo da minha prima, amiga e sócia Amanda. Com o nascimento do Equilibra, a gama de assuntos e interesses ampliou-se! Hoje, escrever me ajuda a estudar e compartilhar conteúdo de psicologia, filosofia e humanidade. Ajuda-me a refletir e a viver a vida com mais consciência. É por isso que eu escrevo.

Histórias de terapia

E se eu tivesse escolhido outro caminho?

"*E se eu tivesse feito outras escolhas? Onde estaria? Como estaria?*" Ela me questionou.

"*E se eu tivesse casado com meu namorado do colégio? E se eu tivesse escolhido ir naquela viagem? E se eu tivesse cursado Direito ao invés de Medicina? Eu poderia ter aceitado aquele emprego ou ter dobrado na rua da frente para ir pra casa. Eu poderia não ter ido naquela festa. Eu poderia não ter começado a jogar tênis, ou poderia ter investido na dança. Essas perguntas não saem da minha cabeça. Parece que eu poderia ter vivido mil vidas. Acho que poderia, né? Mil combinações diferentes.*"

Concordei.

"*Sim, é verdade. Sim, poderia. Isso é o que alguns estudiosos da física chamam de Efeito Borboleta. Jamais saberemos todas as combinações possíveis. São infinitas. Mas, de todas elas, há uma vida que é vivida por ti. Há uma parte que é da tua responsabilidade.*" E continuei: "*Qual vida você escolhe viver?*"

Ela me olhou pensativa, e disse: "*Boa pergunta*".

A resposta está nos nossos valores. Descubra o que você valoriza e seja leal a si mesmo.

Família
Casamento / Conjugalidade
Parentalidade
Amizades
Trabalho / Carreira
Educação / Conhecimento / Diversão
Espiritualidade

AMANDA GOMES FERREIRA BORGES FORTES
MARIANA GOMES FERREIRA PETERSEN

Crescimento
Saúde física

Reconheça seus valores. A cada decisão, aproxime-se deles o máximo que puder. E, assim, escolha a sua vida dentre várias possibilidades... aceitando aquilo que vier para você, sem deixar de batalhar para ter uma vida que faça sentido.

Terapia *on-line* funciona?

Amanda Gomes Ferreira Borges Fortes

É comum ouvirmos a pergunta: "*A terapia* on-line *funciona mesmo?*" E, sim. Funciona. Poderia comprovar isso aqui de diversas formas. Tanto com pesquisas científicas, quanto com exemplos clínicos. Sou uma boa entusiasta da praticidade da terapia *on-line*. Atendo uma boa parte dos meus pacientes de forma *on-line*, inclusive faço a minha própria terapia dessa forma. Mas não é sobre isso que eu quero falar hoje.

Eu quero falar sobre uma situação que me chama muito a atenção no consultório. É sobre relação humana. Não foi a primeira nem a última vez que isso aconteceu. Uma querida paciente passou por uma situação difícil de lidar. Daquelas que desestabilizam a nossa vida, fazem a gente sair do prumo. Desviar da rota planejada. Daquelas situações que parece que a gente não dará conta sozinha. Acho isso muito curioso. Essa paciente faz terapia *on-line* comigo há um bom tempo. Mas, dessa vez, ela pediu pela sessão presencial. Aliás, foi a primeira vez que nos vimos presencialmente.

Ao abrir a porta da sala de espera, lá estava ela, com os olhos cheios de lágrimas. Assim que me viu, ela se levantou em minha direção e me deu um abraço apertado. Demorado. Daqueles que dizem muito sobre o que estamos sentindo. Era um momento difícil. Mas estávamos juntas. Sentei-me ao lado dela na sessão e segurei firme a sua mão, enquanto a via chorar. Estávamos juntas e era possível sentir isso naquela intervenção não falada.

Não é preciso ser psicóloga para interpretar isso, certo? A presença física tem um poder único. A tecnologia pode estar cada vez mais funcional e avançada, mas ainda está longe de transmitir a segurança sentida em um abraço. E a vida? A vida é – e sempre será – sobre a segurança sentida em um abraço.

Se puder, veja a vida passar.

Mariana Gomes Ferreira Petersen

Isso mesmo. Em algum momento do seu dia, da sua semana, do seu mês. Sente-se confortavelmente e observe a rua. As árvores. As nuvens. O barulho da cidade, do campo, da praia. De onde você estiver.

Finja, por alguns minutos, que não existe correria. Horários apertados. Sobrecarga. *Smartphones*. Redes sociais.

Escute um cachorro latindo ao fundo, um carro passando, um passarinho cantando. Se puder, veja a vida acontecer. O barulho de alguém varrendo a calçada.

A chuva caindo. Um portão se abrindo.

Se puder, desacelere. Acerte o passo. Sintonize-se com o ambiente. Lembre-se de que tudo vai seguir acontecendo, sempre, com ou sem a sua presença. Experiências que nos geram a sensação de pequenez frente à vida e ao universo podem trazer paz interior, podem descatastrofizar situações desafiadoras que estejamos enfrentando. Ajudam a colocar as coisas em perspectiva.

Você deve tomar as rédeas da própria vida, desenvolver disciplina, foco, persistência. Batalhar pelos seus sonhos. Aproximar-se, intencionalmente, do que valoriza. É verdade. Mas, se puder, ao menos de vez em quando... veja a vida passar. Pois é sentindo a vida passando que a gente consegue ter mais consciência, calma e tranquilidade para escolher como passar por ela.

O dia em que ele entendeu o valor do tempo

Mariana Gomes Ferreira Petersen

Antes de dormir, meu filho (três anos) estava pensativo, e perguntou: *"Mamãe, algum dia eu vou voltar a ser bebê de novo?"*

Expliquei:
"Não, meu amor. Agora tu vais ser criança, depois criança grande, adolescente, adulto, velhinho..."

Ele fez um beiço.
"Ahhhh".
E continuou:
"Eu gosto de ser criança. Mas queria ser bebê um dia amanhã. Porque é uma vez só, mamãe?"

Fiquei pensando em como responder, mas não me veio alternativa que não fosse:
"Porque essa é a vida, meu filho. Temos que aproveitar o momento de agora... mas podemos sentir saudades do que já passou. Significa que fomos felizes."

Histórias de terapia
Quando acontece a mudança?

A mudança não tem garantias. Se soubéssemos que o cenário depois da mudança ficaria pior do que o atual, nós não mudaríamos. Aliás, percebo que os pessimistas geralmente não mudam – porque focam nas perdas. E só muda quem foca nos ganhos. Quem entende que a mudança vai ser para melhor *"apesar de ser difícil, vale a pena..."*

Depois de muito tempo, Tatiana escolheu mudar. Ela mudou quando percebeu que o coração não batia mais tão forte. Ou quando sentiu que o coração batia muito forte para outras coisas. Ela mudou quando se apropriou de si. Quando confiou em si. Ela mudou. O caminho. O cenário. A paisagem. O que era garantido. Que, por sua vez, não gerava mais a energia da vida. É como quem se vê embaixo da água, em um lugar escuro, e percebe que, se não se mexer, irá perder o ar. Então, vai lá, e nada. Vai buscar a luz. O brilho. No olhar, na vida, no mar.

Tatiana mudou quando sentiu que era capaz de lidar com a escuridão. Com o medo. Com o arrependimento. Lembrou-se da sua terapeuta dizendo: *"O que você quer que controle a sua vida? Seus medos ou os seus valores?"*

Ela pegou as suas coisas e saiu porta afora. Foi em direção a um novo canto, a uma nova vida. Ela caminhou em direção ao desconhecido, deixando para trás o que era seguro, mas sufocante. Cada passo era uma prova de sua liberdade, uma declaração de que ela merecia mais do que apenas existir.

Conforme se afastava do passado, ela sentia uma energia renovada, que pulsava o seu coração, como uma sensação de empoderamento que só a mudança verdadeira pode trazer. Finalmente sentiu-se viva.

O dia em que eles aprenderam a contar um com o outro

Mariana Gomes Ferreira Petersen

Domingo de manhã, nós quatro em casa, chuva, tudo na mais bagunçada paz. Eis que a Maria e o Bento, correndo pela casa, decidem entrar no nosso quarto. Ouvi a porta batendo. Ouvi um barulho de chave. Tudo em milésimos de segundos, mas chamei o Rodrigo correndo e tentamos impedir... era tarde demais.

A Maria, obviamente sem querer, trancou-se com o Bento dentro do nosso quarto. Ao perceber que tinha feito isso, mimosa, ela chorava desesperada. Daí o Bento se assustou e, mesmo sem entender exatamente o que tinha acontecido, mas percebendo a tensão do ambiente, começou a chorar também. *"Maria, filha, tá tudo bem. Estou te enxergando pela fechadura, amor. Tenta colocar a chave novamente..."* fui tentando instruir, enquanto o Rodrigo corria para o vizinho para pular a janela e tentar entrar pelo banheiro para acessar o quarto.

Resumindo o drama: deu certo e em poucos minutos eles estavam a salvo. Naquele dia foram duas as lições aprendidas: (1) nunca, jamais, deixar uma porta com chave na fechadura perto das crianças. (2) é na adversidade que você percebe o quanto faz diferença ter com quem contar.

Nunca imaginei testemunhar, tão cedo, a amizade e parceria entre meus filhos (naquela época a Maria tinha três anos e o Bento um). Eles se uniram, a Maria acalmou o Bento, ele sentiu segurança e se acalmou também. Eles se ajudaram em uma *missão* e foram parceirinhos demais. Nessas horas a gente se dá conta de que todos os perrengues valem a pena e que há momentos banais – ou tensos – que podem preencher o coração. Basta saber olhar.

AMANDA GOMES FERREIRA BORGES FORTES
MARIANA GOMES FERREIRA PETERSEN

O fio invisível

Mariana Gomes Ferreira Petersen

Existe um fio invisível que nos liga às pessoas com as quais somos apegados e conectados. Na psicologia, usamos essa metáfora para explicar o que é o apego seguro.

Apego seguro é um estilo de apego desenvolvido na infância que acontece quando a criança sente segurança, estabilidade e amor por parte de seus cuidadores principais. Quando estabelecido, esse tipo de vínculo permite que a criança consiga internalizar a presença de seu cuidador, sentindo-se protegida e segura para explorar o mundo. Ela leva consigo a segurança de que terá apoio e amor quando precisar.

Depois de estabelecido o estilo de apego na infância mais tenra, o indivíduo tende a transferir essa maneira de se relacionar para outros vínculos. Ou seja: bebês e crianças que estabeleceram vínculos primários de apego seguro tendem a se relacionar de maneira mais saudável com outras pessoas no futuro.

O fio invisível está por aí. Ele está por aí quando você pensa com carinho em alguém. Ele está por aí quando você se preocupa genuinamente com o bem-estar de quem ama. Ele está por aí quando você não precisa falar; basta sentir o impacto do olhar. Ele está por aí quando você se sente em paz na presença de quem você faz questão. De quem te faz bem. É o fio invisível.

Hoje meu filho pequeno teve febre. Precisei deixar a minha mais velha na natação e em seguida iria levar o caçula para fazer um simples exame de sangue. Mas, para crianças, qualquer contato com agulha nunca é algo simples.

Mais tarde, enquanto estava tomando banho, minha filha disse: *"Mamãe, eu fiquei o tempo todo pensando no Bento na hora da natação"*. Isso é o fio invisível. E é engraçado que, por mais invisível que seja, é quando ele acontece que a gente consegue enxergar da forma mais visível possível o que, de fato, é o amor.

Não basta saber ensinar.
É preciso saber ser.

Mariana Gomes Ferreira Petersen

Para educar crianças emocionalmente saudáveis, na maior parte das vezes, não basta somente saber o que fazer. Precisamos saber *ser*. Ser aquilo que o outro precisa. *Ser* não é somente dar em palavras aquilo que o outro precisa. É agir ativamente de acordo com o que nossa criança precisa.

Entende a diferença? Eu não posso ensinar meu filho a se acalmar somente dizendo o que ele precisa fazer. Eu preciso *ser* a calma na hora em que o bicho pega.

Não basta eu explicar sobre amor. Eu preciso *ser* a manifestação do amor no dia a dia. Agir com amor quando ele chega da escola, agir com amor ao fazer dormir, agir com amor ao brincar na pracinha. Agir com amor, inclusive, nas horas mais duras. Nos momentos em que é necessário dar limites realistas sobre o que é viver no mundo. Lembrando que não é possível o tempo inteiro; afinal, somos seres humanos e sentimos uma enorme diversidade de emoções – que bom! Mas, sim, é preciso que sejamos aquilo que nossas crianças precisam na maior parte das vezes, de maneira estável e contínua.

Educar crianças emocionalmente saudáveis vai muito além de orientar, guiar e ensinar. É uma verdadeira oportunidade de *se tornar*. De encontrar, no meio de tantas, a nossa melhor versão.

O fio visível

Amanda Gomes Ferreira Borges Fortes

Eu me lembro bem qual era o meu. Era uma vaquinha de pelúcia, que cabia dentro de uma latinha amarela. Ela tinha o cheirinho do perfume que a minha mãe usava na época. E eu a levava comigo para onde eu fosse. Desde a adaptação na escola, até as apresentações de *ballet*. Ela me dava uma sensação de segurança e aconchego. Quando olhava para ela, sentia que eu não estava sozinha. Talvez eu não entendesse na época que não era aquela simples vaquinha de pelúcia que me gerava conforto, mas sim o tanto que ela significava nos momentos desafiadores da vida. Ela era um símbolo palpável e perfumado de segurança e amor. Ela era a constância quando eu ia em busca de independência. Estava sempre comigo, independente do cenário ou da cidade. Ela era o fio visível, que me conectava com a minha base emocional. Que me lembrava que eu deveria enfrentar os desafios, mas que eu teria com quem contar se não desse certo.

O apego, como a ciência nos ensina, é uma das necessidades mais fundamentais do ser humano, particularmente durante os primeiros anos de vida. É a base do que irá se tornar nossa capacidade de confiar, de amar e de interagir com o mundo à nossa volta. Ao longo do crescimento essa necessidade de objetos de apego tende a diminuir à medida que desenvolvemos habilidades emocionais e começamos a entender o mundo de maneira mais abstrata. No entanto, o princípio básico do apego permanece conosco. Transforma-se então nas nossas pessoas escolhidas, na busca por ambientes que nos façam sentir seguros, e nas memórias afetivas que guardamos e revisitamos em momentos de incerteza ou medo.

Assim, ao refletir sobre essa vaquinha de pelúcia e seu papel na minha infância, podemos compreender um pouco mais sobre como todos nós, em essência, temos um fio que busca conforto e segurança. E há momentos na vida em que esse fio precisa ser visível.

Pequenos gestos, grandes diferenças

Amanda Gomes Ferreira Borges Fortes

Em uma manhã tranquila, um menino caminhava pela praia, onde milhares de estrelas-do-mar haviam sido arrastadas pela maré e agora estavam na areia sob o sol ardente. Com determinação em cada passo, ele se inclinava periodicamente, pegava uma estrela-do-mar e a lançava de volta ao oceano.

Uma pessoa que passava por ali, observando a cena repetidas vezes, aproximou-se do menino e perguntou: *"Por que gastar energia desta forma? Há milhares delas. Você não pode salvar todas. Qual diferença isso faz?"*. O menino olhou para a estrela em sua mão, lançou-a no mar e respondeu com um sorriso: *"Para esta, fez toda a diferença"*.

Essa metáfora simples, mas profunda, nos ensina sobre o impacto de nossos esforços, mesmo quando os desafios parecem insuperáveis. Ela nos lembra que, em face de grandes adversidades – como a tragédia no Rio Grande do Sul –, cada pequeno gesto de ajuda e cada ação solidária importam.

Ao enfrentarmos a magnitude da devastação, podemos nos sentir impotentes. No entanto, assim como o menino na praia, devemos reconhecer que cada ato de bondade é uma vitória contra o desespero, uma estrela-do-mar devolvida ao seu lar. Nesses momentos, cada um de nós é chamado a ser o menino na praia: alguém cujas ações podem não mudar o mundo inteiro, mas certamente mudarão o mundo de alguém. E em cada vida que tocamos, em cada estrela que devolvemos ao mar, encontramos a verdadeira essência de fazer a diferença. Não se trata apenas de salvar estrelas, mas de instaurar a esperança e de expressar a compaixão que define cada um de nós.

Amanda Gomes Ferreira Borges Fortes
Mariana Gomes Ferreira Petersen

Você sabe o que faz um pôr do sol ser tão bonito?

Mariana Gomes Ferreira Petersen

Não sei se são as cores. O degradê. A imensidão. A dimensão que ele traz. Dimensão porque cada dia que chega ao fim representa um pouco da vida que se vai. Sei que pode ser desconfortável pensar sobre isso, e há quem não goste de estimular a consciência dessa realidade. Mas o fato é que viver não é pra sempre, dá trabalho, é instável, não linear e muitas vezes imprevisível. Mas é bom.

Olhando para esse pôr do sol, na janela do avião, me vieram alguns pensamentos. O pôr do sol se torna mais lindo justamente porque ele nos convida (quase nos obriga) a parar. Aquelas cores, aquele degradê, aquela imensidão, isso impacta nossos olhos e nos faz parar. É engraçado porque quando nos deparamos com um pôr do sol assim, por mais que a gente se impressione com a beleza da natureza, a gente também deseja, quase que inconscientemente, que o sol se despeça mais devagar. Queremos ficar mais ali. Mas ele sempre vai embora sem dó.

A vida flui exatamente da mesma maneira que o ciclo do sol. Existem momentos que são incríveis, mas eles passam. Passam por nós, assim como acontece com os momentos dolorosos. Tudo passa. O belo, a dor, a tormenta e a bonança. Hoje está bom? Hoje está difícil? Hoje está bom por um lado, mas difícil por outro? (Sim, emoções contraditórias podem coexistir).

Essa é a vida. Não importa seu contexto atual, tenha certeza que hoje o sol irá se pôr. E, principalmente, lembre-se: cada dia que chega ao fim representa um pouco da vida que se vai.

Uma reflexão sobre trauma, resiliência e apego

Amanda Gomes Ferreira Borges Fortes

Resgatei uma filhotinha de cachorro no meio das chuvas e da enchente do Rio Grande do Sul. Soube que ela estava em cima do telhado de uma casa, em uma cidade que foi tragicamente destruída. Não sei como, no auge dos seus 20 cm, ela subiu ali, mas, provavelmente, foi isso o que fez ela sobreviver, já que muitos filhotes não resistiram à tragédia que vivemos. Lembro-me da primeira vez que a vi. Ela estava emagrecida, tremendo, imóvel. Era mais uma daquelas cenas que fazem doer o coração. Não pensei duas vezes e a levei para casa. Naquele momento, não estávamos pensando em adotar cachorro, mas precisei levá-la para dar ao menos o básico: comida, água e uma cama quentinha. E assim fiz. Ela estava segura.

Eu, embora me sentisse insuficiente por não poder fazer isso com os tantos outros animais com que me deparei, fiquei aliviada por tê-la resgatado de um tremendo desamparo. Alguns dias depois, veio uma nova tempestade. Chuva forte, trovões, raios. Eu sempre gostei de dormir com o barulho da chuva, mas, depois de tudo o que vivemos aqui, acordei com um sobressalto. Preocupada, angustiada. O som da chuva, que antes trazia conforto, agora trazia medo. Talvez nós, gaúchos, nunca mais desfrutemos daquele confortável *barulhinho de chuva*.

Estava tentando pegar no sono novamente quando ouvi um barulho estranho. Olhei para o lado e vi a cachorrinha tendo um pesadelo: claramente um sono agitado, misturando choro e latido. Fui acordá-la para interromper aquele sofrimento. Foi difícil, mas consegui. Ela acordou assustada e seguiu com um choramingo baixinho. Peguei-a no colo e a abracei forte, até que ela se acalmasse. Foi um daqueles abraços longos e apertados, em que sentimos os corações pulsando. Fiquei pensando no que aquele serzinho tão vulnerável havia passado e como conseguiu sobreviver. Meu coração se aqueceu ao poder oferecer um pouco de conforto e segurança em meio ao medo. E, confesso, ela também me devolveu um pouco de conforto e segurança naquele abraço apertado. Naquele momento, percebi que, em meio a tanta adversidade, um abraço bastou. Ela se acalmou, lambeu meu rosto e, logo, adormeceu. Não deve ter demorado muito para que eu pegasse no sono novamente, mas dessa vez com ela bem pertinho de mim.

Lembrei que a vida é sobre ter amparo. Proteção. Carinho. É sobre ter um abraço apertado para enfrentar a tempestade, e então poder buscar um novo amanhecer.

Viajar com filhos... Sim ou não?

Mariana Gomes Ferreira Petersen

Uma das minhas grandes paixões é viajar. Conhecer outros lugares, outras culturas, ampliar o olhar e ver como vivem as pessoas em diversos lugares do planeta. Meu maior parceiro de viagem é meu marido, e com ele eu já conheci quase todos os continentes deste mundo. Lembro-me que quando decidimos ter filhos, nunca nos passou pela cabeça deixar de levá-los conosco. Acho muito saudável para os casais que conseguem tirar férias mais longas sozinhos e relaxar, mas a gente morre de saudades dos filhotes e prefere passar as férias com eles, sempre... até o dia que eles crescerão e não viajarão mais só conosco.

A Maria, nossa mais velha, tinha cerca de um mês quando a gente viu que havia uma promoção de passagens para o Chile, país que estava na nossa mira há tempos. Ela teria cerca de 8 meses no dia da viagem. Eu ainda estava no puerpério sem muita ideia do quanto as coisas melhorariam. Mas achava que sendo dois adultos para cuidar de um bebê, não tinha como dar errado. "*Vamos?*" "*Vamos!*" E assim começou nossa experiência de viajar sozinhos com as crianças. Cinco anos depois e mesmo com uma pandemia que nos impossibilitou de sair do Brasil por três anos, já conhecemos mais de nove países e diversos destinos com as crianças.

Já descobrimos nossos *macetes*, que funcionam quase sempre com eles – porque viajar com crianças também é estar preparado para MUITO perrengue, não há como negar. Mas quanto mais vamos, mais vontade temos de ir. Na minha experiência, uma viagem em família nos conecta em um nível. Mais profundo. É um investimento na nossa união. A gente discute, resolve, negocia, aprende a esperar o tempo de cada um e fica 100% do tempo juntos – o que é impossível na nossa rotina agitada e cheia de compromissos.

Ah! O extraordinário. Quando vem, vem com força nessas ocasiões!

Mariana Gomes Ferreira Petersen

A verdade é que em uma viagem com filhos pequenos há muito mais momentos comuns e muito mais trabalho do que momentos extraordinários. Há a fila do embarque, da imigração, o *check-in* do hotel e o tempo de espera do metrô. Há os banheiros públicos, o cansaço, a alimentação diferente e o fuso horário. Mas o extraordinário... ah! O extraordinário. Quando ele vem, vem com força nessas ocasiões. Para mim, significa tocar a felicidade, na mais pura e direta versão.

Uma das melhores viagens que fiz com meus filhos foi no fim do último verão, em que criamos coragem e tocamos até Buenos Aires de carro, voltando pelo Uruguai. No fim da viagem, decidimos parar em um hotel charmoso que era bem na beira do mar de Punta del Diablo. Pé na areia, literalmente, como dizem. Lembro que chegamos e logo começou a entardecer. O sol se punha de um lado e de outro a lua era tão grande e branca em cima do mar, que era impossível não ficar embasbacado, admirando. A gente ficou os quatro ali, sentados, chocados com a beleza da natureza. Lá pelas tantas, minha filha me olhou e disse: "*Mamãe, eu adoro viajar nessa família*".

Imediatamente na hora pensei que tinha valido todo e qualquer perrengue estar ali e ouvir aquilo dela. Mas o principal eu ainda não sabia. Foi ali que meus filhos aprenderam a olhar o céu. Isso significa que estão aprendendo a desacelerar e aproveitar o momento. Um antídoto contra a ansiedade.

Até hoje, meses depois, sempre que chegamos em casa no fim da tarde ou em qualquer lugar em que o céu esteja colorido, meus pequenos param. Olham. E geralmente comentam: "*Mamãe, olha o céu! Que lindo!*"

É isso!

No meio das crises, eu tenho mais certeza das minhas escolhas.

Amanda Gomes Ferreira Borges Fortes

É nos momentos difíceis que eu mais tenho clareza das minhas escolhas. Eu fecho os olhos e me reconecto comigo. Lembro-me dos meus valores de vida. Lembro-me do que realmente importa na minha vida. Lembro-me de quem eu quero ser. A partir disso, fica claro o caminho a seguir. Durante as enchentes do Rio Grande do Sul, eu adotei uma cachorrinha. Vi o quanto os animais estavam precisando de um cuidado. A minha ideia era resgatá-la do meio do caos para dar o mínimo: comidinha, água, e uma cama confortável. E, quem sabe, depois, achar algum adotante para ela. Mas quem disse que a vida é feita apenas de necessidades concretas?

Fechei os meus olhos e me lembrei que a vida é feita de conexão. E essa conexão, para mim, é como uma dessas forças da natureza capazes de mudar qualquer plano e qualquer decisão. Nos primeiros dias, a minha nova cachorrinha estava assustada, frágil, trêmula. Foi esse o momento em que eu parei tudo e pratiquei a tão linda arte de cuidar. Eu estava frente a frente com um dos seres mais frágeis que eu já vi, que, incrivelmente, sobreviveu à maior tragédia do nosso Estado. Com paciência e muito carinho, ela deixou eu me aproximar. Ela começou a confiar em mim. E, nesse processo, eu também comecei a mudar.

É difícil descrever a sensação de vê-la podendo dormir tranquilamente, sem correr riscos. Ou de vê-la sentir frio e poder ser enrolada em uma coberta quentinha. Ou de vê-la sentir fome e ter ração disponível a hora que ela quiser. É incrível a sensação de proteger quem foi, injustamente, desprotegido. Sentir tudo isso com ela fez sentido na minha vida e deixou qualquer decisão mais fácil e clara de ser tomada. Aprendi que, ao cuidar dela, estava cuidando também de mim.

Cada dia ao lado dela tem sido uma lembrança constante de que a vida é muito mais rica e significativa quando investimos em laços de conexão e carinho. Obrigada, minha pitoquinha, por me proporcionar refletir tudo isso. É muito bom cuidar de ti. Bem-vinda à minha família!

Dos resgates da enchente para dentro de casa

Construindo um apego seguro

Amanda Gomes Ferreira Borges Fortes

Lidar com filhotes é um processo que requer muito cuidado e paciência. Lidar com filhotes de rua, que foram resgatados na enchente do Rio Grande do Sul, exige ainda mais. A Maria Rebeca chegou alterando a nossa rotina. Ela me segue por toda a casa, busca meu colo a cada oportunidade e, mesmo dormindo, parece querer a certeza de que eu estou por perto. Tenho aberto mão de algumas coisas. Diminuí as horas de sono e aumentei as horas de dedicação a ela. Talvez outras pessoas não lidariam dessa forma com filhotes de cachorro e, até mesmo, com filhotes humanos. Mas, confesso que, para mim, se não for para cuidar assim, não faria sentido. Quando ela chora, o olhar dela fixa no fundo do meu olho e mostra um misto de medo e esperança. Não penso duas vezes para pegar a pitoca nos braços, sentindo seu coraçãozinho disparado e buscando acalmar com muito carinho e proteção. Ela, que foi resgatada da rua, no meio da maior tragédia do nosso Estado, precisa de muito. Dormir muito, comer muito, se esquentar muito. Sentir-se muito protegida, muito amparada, muito amada. Ela precisa de uma reparação intensiva de tudo isso, já que pouco teve nos longos três meses em que viveu na rua.

Sinto que ela precisa e estou disposta a fazer essa reparação intensiva de tudo o que ela não recebeu quando deveria ter recebido. Nesse processo, eu preciso estar mais disponível para ela. E é assim que a gente constrói o apego seguro. Exige dedicação. Mas é uma fase nossa; sei que vai passar e que ela vai acabar dando conta de si.

Eventualmente, ela se tornará um cãozinho independente, capaz de enfrentar o mundo sem tanto medo e sem a necessidade de me ter sempre ao seu lado. E o amor que eles devolvem em troca... só quem já sentiu sabe.

Posso te fazer duas perguntas?

Mariana Gomes Ferreira Petersen

1) Se você sabe que vai morrer um dia, o que está fazendo com o tempo que lhe resta?
2) Você está satisfeito com a resposta da pergunta anterior?

Alguns responderão que sim, outros que não, outros que não sabem. A resposta dependerá do quanto cada um já descobriu o sentido de sua própria vida. Se você sabe qual é o sentido de sua existência e está, todos os dias, transpondo isso em ações, você provavelmente está em paz com o fato de que somos mortais. Nossa experiência aqui passará como um *flash* aos olhos do universo.

Se você não sabe qual é o sentido de sua vida, comece a refletir pensando sobre as situações que geraram uma real gratificação a você mesmo. Não precisa ser uma imensa gratificação. Só precisa ser real, palpável.

Quando foi a última vez em que você se sentiu verdadeiramente bem com o que estava fazendo? Com quem estava? Onde estava? Para exemplificar, eu mesma responderei a esse exercício:

As últimas vezes em que senti gratificação e satisfação foram:

1) No meu consultório ajudando uma paciente que precisava muito de amparo imediato. Eu me senti bem porque me sinto bem quando tenho certeza de que fiz a diferença para melhorar a vida de alguém. Isso me satisfaz muito mais do que quando faço algo de bom para mim mesma.
2) Na viagem que estou encerrando com minha família. Me senti bem porque estar com meu marido e meus filhos com tempo de qualidade é viver a realização de um sonho pelo qual batalhei e batalho muito para manter. Ver as crianças crescerem e se desen-

volverem tornando-se seres humanos bondosos, amorosos e corretos me dá orgulho e faz eu me sentir satisfeita comigo mesma.

Se eu sei disso sobre mim, sempre que eu posso escolho fazer uma diferença positiva, na minha vida e na vida daqueles com quem convivo. Se eu faço isso intencionalmente, todos os dias, pelo menos em algum momento. Eu vou me sentindo conectada com meu propósito principal. E isso vai gerando a sensação de satisfação com a vida. E uma vida bem vivida, queridos leitores, é o que nos liberta da angústia de viver sabendo que vamos morrer um dia.

Namore o seu namorado(a).

Mariana Gomes Ferreira Petersen

A esta altura da vida, você já deve ter descoberto que namorar não é o mesmo que simplesmente dividir a rotina, né? Eu sempre digo para os meus pacientes: "*namorem com o(a) parceiro(a) de vocês. Somente estar junto não é namorar. Dividir a vida não é namorar. Namorar, mesmo, é mais do que isso. Requer tempo, dedicação, intencionalidade, cuidado, persistência.*"

Namorar é querer fazer dar certo. É saber que o ardor da paixão é maravilhoso, quase uma obsessão, mas passa. E depois que passa a gente precisa cultivar. Só que cultivar um namoro é diferente de cultivar uma amizade. Namoro tem que ter brilho no olho, sedução, a liberdade da exclusividade.

Namoro é companhia certa, é intimidade. Beijo, abraço, "*se ajeitar numa cama pequena, escrever um poema...*". Namoro é, mesmo, "*cobrir de amor*" (como já dizia o poeta). Fazer uma quarta-feira virar sábado, mesmo que isso seja manual, intencional e nada automático. Mas saber que quando as coisas se alinham, é tão bom! Amar é bom. Relacionar-se é bom. Casar é bom. Mas bom mesmo, mesmo, é namorar o próprio namorado. Marido. Esposa. Namorada. É namorar a pessoa que você escolheu pra ser a *sua pessoa* nesse mundo louco e corrido.

Saber namorar é saber esperar, ceder, priorizar, doar, receber. É via de mão dupla. É contar até 100 internamente, respirar, e engolir alguns sapos, porque vale a pena. Ou, melhor: por quem vale a pena.

Tem hora pra tudo.

Amanda Gomes Ferreira Borges Fortes

Ontem, enquanto conversava com algumas amigas e desabafávamos sobre a correria da vida, me dei conta de algo muito importante. Tem hora pra tudo. Por mais simples que pareça essa frase, é difícil de colocá-la em prática. Nos acostumamos a fazer duas coisas – ou mais – ao mesmo tempo. Em algum momento, naturalizamos almoçar respondendo WhatsApp. Dirigir e fazer ligações. Responder uma mensagem enquanto conversa com alguém. Quando isso se tornou o nosso normal? Por que temos tanta pressa?

Lembre-se: a correria engole a poesia. E a vida precisa da nossa poesia. Precisamos da poesia que existe em sentir o vento no rosto sem pressa, olhar nos olhos com calma e ouvir o silêncio entre as palavras. Essa constante necessidade de multitarefa, de estar sempre fazendo algo a mais, reflete uma inquietude interna e cria uma falsa sensação de produtividade. Na verdade, estamos nos tornando menos eficientes, mais estressados e menos conectados com nós mesmos e com os outros.

Precisamos reconhecer a necessidade de desacelerar, de dar espaço para uma coisa de cada vez. Precisamos, intencionalmente, estar presentes. Na conversa. Na refeição. No abraço. Naquela resposta de mensagem. Permitir-se estar completamente presente em cada atividade, sem a pressão de dividir a atenção. Afinal, tem hora pra tudo. Respeitar esse tempo é um ato de cuidado conosco mesmos e com aqueles que estão ao nosso lado.

Isso aconteceu quando a minha filha tinha três anos de idade...

Mariana Gomes Ferreira Petersen

Era domingo, estávamos chegando em casa de um dia supercheio de atividades. Tínhamos ido ao parque, almoçado na casa da bisa, ido ao teatro e só então chegamos em casa. Na hora do jantar, eu, que sou psicóloga (mas obviamente não sei de tudo e também erro muito), tive a oportunidade de ter uma aula sobre como educar com respeito, amor, paciência e limites adequados. O professor foi meu marido, que, é importante dizer: não é psicólogo, também erra, mas tenta se conectar com as crianças – especialmente quando eu me desconecto. E vice-versa.

A situação era a seguinte: minha filha estava chorando desesperadamente (atirando-se no chão, exausta, aos gritos) porque queria comer um milho inteiro, mas ele já tinha sido cortado. Eu estava respirando fundo pra tirar forças de algum lugar, porque estava exausta, mas queria manejar com aquela situação e estava difícil manter a calma. Foi quando meu marido gentilmente se aproximou. Pegou-a no colo. Disse pra ela que ela precisava se acalmar, e ela, aos prantos e de bico, dizia que não queria o milho cortado. Ele manteve a calma, gentilmente tirou o bico da boca da menina e pediu pra ela confiar nele. Disse pra ela fechar os olhinhos e respirar bem fundo, soltando o ar pela boca. Ela o fez, junto com ele. Olhos apertados, coração acelerado, mas aos poucos foi parando de chorar.

Quando ela se acalmou, depois de alguns segundos, ele pediu pra ela dizer, então, o que queria. Ela não sabia o que queria. Já não era mais o milho. Ele perguntou se podia dar um beijo nela. Ela aceitou, olhou pra ele, e disse: *"Vamos dançar, papai?"* Eles dançaram. E depois ela comeu todo o milho cortado, feliz, e eu fiquei incrédula olhando. Entendendo. E refletindo.

Não precisamos de autoritarismo para ensinar às crianças sobre limites. Precisamos somente de paciência, respeito e conexão emocional.

Três lições que mudaram para sempre a minha forma de viver.

Amanda Gomes Ferreira Borges Fortes

Em algum momento na vida, a gente vai passar por uma situação que vai nos fazer ressignificar os problemas. Geralmente, é uma situação ruim. Uma notícia inesperada. Um diagnóstico, uma doença, uma perda, um luto.

Esses momentos nos pegam de surpresa e nos forçam a olhar a vida de uma nova maneira. Começamos a entender o que realmente vale a pena para nos tirar uma noite de sono. Essa mudança na forma de olhar faz com que seja possível encontrar força onde havia fraqueza. E esperança onde havia desespero.

Quando eu passei por uma dessas situações, eu busquei aprender. Atribuir um significado. E, assim, aprendi três lições poderosas que mudaram a minha forma de viver:

1) O agora é tudo que temos.

E essa é a maior lição que podemos tirar das dores da vida. O tempo não volta. Viva hoje. O amanhã é incerto para todos nós.

2) Romantize mais a sua vida.

Romantize um café da manhã. Romantize um domingo de chuva. Encontre beleza na rotina. Aprecie os pequenos momentos do seu dia.

3) Esteja perto de quem você ama.

Mantenha essas pessoas por perto. Fique por perto. Diga mais que ama. Colecione momentos e memórias com essas pessoas. São essas lembranças que aquecem o coração nos momentos difíceis.

E a principal dica é:
Não esperes um problema maior aparecer para mudar a tua forma de viver. A vida é feita de momentos e cada um deles é uma chance de viver uma vida feliz.

É tão difícil ir embora de onde se foi feliz...

Mariana Gomes Ferreira Petersen

Depois de dias revendo tudo que temos, desfazendo-me de coisas que não fazem mais sentido, enchendo sacolas e doando tanta coisa, parei para deitar, e ele estava ali. O céu. O céu da minha janela. Meu céu, que tantas e tantas vezes eu apreciei em momentos tão diferentes desses anos aqui. Aquele céu.

Das vezes em que ficávamos olhando a cidade. Os carros com as pessoas "voltando para as suas casas" (segundo a Maria de dois anos, na hora do pôr do sol). O mesmo céu em que vi tantos aviões indo e vindo. Foi para esse céu que agradeci quando soube da gravidez do Bento e era pra esse céu que eu olhava na madrugada quando precisava criar forças pra me manter acordada.

Eu via os carros atravessando a ponte do Guaíba; isso sempre me trouxe tanta paz! Aquele ir e vir. E essa é a vida: agora estamos indo. Chegamos três, saímos quatro. Amadurecemos tanto!

Passamos dias tão felizes aqui que os dias tristes já nem lembro mais. Tchau, casinha. Vamos em frente, sabendo que *nossa casinha* é a gente que sempre fez. Ela vai conosco. Mas a verdade é que, independentemente da expectativa de qualquer mudança, é difícil ir embora de onde se foi tão feliz...

São aquelas amizades completas.

Amanda Gomes Ferreira Borges Fortes

Há um tipo de amizade que significa casa, colo, descanso. São aquelas amigas que podem passar horas sentadas no chão da sua casa, conversando sobre os assuntos mais profundos da vida, ou das superficialidades mais engraçadas. Podem ficar sequer um minuto em silêncio, ou quem sabe ficar longos minutos em silêncio sem que isso incomode. São aquelas que tomam uma taça de vinho ou uma xícara de chá com você. Depende do dia. Depende do humor.

São as amizades que podem fazer tudo. Que transcendem as categorias de *amigas de festa*, *amigas pra conversar* ou qualquer outro rótulo que a gente coloca quando as amizades não são desse tipo. Essas amizades completas são sinônimos de parceria, confiança e segurança. São as amizades que conhecem a nossa raiz, a nossa história, as nossas dores e os nossos amores. Elas são diferentes de família porque foram uma escolha – escolhemos a dedo aquelas pessoas para construírem a nossa própria história de cumplicidade e afeto. Mas elas são diferentes de uma escolha conjugal porque não há expectativas de exclusividade ou compromissos formais; são laços livres, nutridos pelo simples prazer da companhia.

São relações mais leves, descarregadas de compromisso. São elas que nos mostram a genuína vontade de compartilhar a vida. Essas amizades nos ensinam que a felicidade é multiplicada quando compartilhada e que a dor se torna mais leve quando dividida.

Quando foi que você descobriu que o amor da sua vida era, mesmo, o amor da sua vida?

Mariana Gomes Ferreira Petersen

É engraçado. Batalhamos para viver momentos perfeitos, em cenários paradisíacos, reproduzindo legítimas cenas de comercial margarina. Mas a certeza do amor mesmo, esse *da sua vida*, a gente descobre é na adversidade. É quando algo ruim acontece e a pessoa consegue *deixar o piano mais leve*. É quando você se sente, de verdade, cuidado. Amparado. Protegido. Na hora certa e do jeito que parece ser o certo. É quando você até tem medo de pensar em viver sem o outro, porque a presença desse específico alguém muda absolutamente toda a experiência de estar aqui.

É aí. Bem aí. Que você percebe que não é só um caso de amor. E não adianta vir com esse papo de que "poderiam ser muitas pessoas". Não. Amores na vida são vários, mas amor da vida é um só. Ele não deixa dúvidas, porque você percebe que a vida é muito melhor com o amor da sua. Mas não é só isso. Ele muda a parte boa, mas transforma qualquer parte ruim. Entende?

Há um momento. Geralmente único, específico e doloroso momento em que você descobre quem é. Não parece uma ironia da vida tirarmos o amor de dentro da dor? No fundo, acho que não. É que a vida vem com tantas e tantas perguntas! Mas, invariavelmente, o amor se prova ser a resposta.

Um jeito invisível de amar

Amanda Gomes Ferreira Borges Fortes

*"Porque eu sei que é amor
Eu não peço nenhuma prova
Mesmo que você não esteja aqui
O amor está aqui
Agora"*

Essa música dos Titãs nos fala muito mais do que de amor. Fala-nos sobre a internalização do amor. É interessante pensar que existe uma fase específica do desenvolvimento humano em que as crianças aprendem a internalizar as pessoas. É aquele momento em que a brincadeira de esconder o rosto e depois gritar *aqui* perde o sentido. Nesse momento, a criança entendeu que, apesar de ela não estar te vendo, tu ainda estás ali – e isso tira toda a graça da brincadeira.

É então que começa a existir a internalização do amor. E é nesse momento que nos preparamos para ser um adulto capaz de amar. Alguns teóricos chamam isso de apego seguro. Outros de amor maduro. Eu prefiro definir apenas como amor. Para mim, amar é confiar. É ter a certeza de ter com quem contar. É sentir o amor acessível e presente, mesmo que ausente fisicamente. Amar é acreditar em um laço invisível. É acreditar na força do laço que une, mesmo quando não pode ser visto ou tocado.

Amar é um tipo de laço que a gente não precisa enxergar. Que faz você se lembrar da pessoa quando vê algo que ela gosta. Ou lembrar-se dela no meio do dia, em um momento qualquer. Pode ser também o chá que ele prepara para tomarmos antes de dormir. Ou o café que um faz para o outro quando se está atrasado de manhã. Esse é o laço invisível que eu chamo de amor.

O verdadeiro amor não precisa de demonstrações extravagantes ou provas constantes. Ele se manifesta nas pequenas coisas, nos gestos cotidianos, nas palavras sussurradas e nos silêncios compartilhados. Talvez essa seja a ironia das conexões verdadeiras: quanto mais invisível o laço conseguir ser, mais concreto será o amor.

Um jeito invisível de amar – parte II

Amanda Gomes Ferreira Borges Fortes

Era uma manhã muito fria. Ele se levantou da cama e ligou o aquecedor para que, quando eu me levantasse, não sentisse tanto frio.

"Vou fazer o café da manhã para nós" – disse ele, em meio àqueles corridos e rápidos minutos de uma manhã antes de ir trabalhar.

"Bom dia, meu amor. Que coisa boa acordar com o aquecedor ligado e o café da manhã na mesa". Continuei: *"Como está a tua dor no olho?"* – perguntei, lembrando do incomodo que ele teve na noite anterior.

E assim mais um dia começou. Cheguei ao consultório e comentei sobre ele. Elogiei-o a uma colega, falando sobre o quanto ele estava sendo impecável nos cuidados com a nossa cachorrinha. Falo dele com amor e orgulho. Durante o dia, pego o meu celular e vejo que um colega dele havia comprado um curso que estamos vendendo no Equilibra. Provavelmente, ele comentou sobre o curso. Sei que ele é um dos meus maiores incentivadores e apoiadores.

O dia passou rápido. Trabalhamos intensamente. Aliás, temos trabalhado bastante. Lembrei do monitor que eu tanto queria, que ganhei de presente dele para facilitar os meus atendimentos online. E dos muitos sonhos e desejos que ainda temos para realizar. Precisamos trabalhar.

Mas a noite chegou. É hora de voltar para casa.

"Atrasou aqui, vou chegar mais tarde em casa. Não me espera para jantar" – disse ele.

Faço uma janta com calma e separo uma parte para ele. Deixo um recado "boa janta" ao lado do prato. Ligo o aquecedor da sala e vou dormir. Logo, a nossa cachorrinha latiu e foi correndo recebê-lo.

"Meus amores, que saudades. Que coisa boa estar aqui!" – diz ele, ao entrar em casa. O aquecedor da sala estava ligado, para que, quando ele chegasse em casa não sentisse tanto frio. Era uma noite muito fria...

Eu me pergunto isso todos os dias.

Amanda Gomes Ferreira Borges Fortes

> *Eu preciso me perguntar isso todos os dias:*
> *O que eu realmente quero?*

Eu me pergunto isso e não é porque eu faço apenas as coisas que eu quero. Eu faço essa pergunta para não me distanciar de mim. É comum que pessoas muito preocupadas com os outros se distanciem de si. Desde pequena, eu era vista como menina que era atenta aos outros, preocupada em ajudar e com uma empatia inata ao meu temperamento. Não à toa me tornei psicóloga. Eu amo cultivar a arte de cuidar. Cuido com amor da família, dos meus amigos, dos meus pacientes, da minha cachorrinha. Ver quem eu amo feliz, me faz feliz.

Isso parece bonito, não é?

Mas é importante lembrar: a diferença entre remédio e veneno é a dose. Pode virar armadilha quando passamos a deixar os nossos desejos de lado em nome dos outros.

É interessante perceber como é fácil cedermos ao piloto automático da vida. Mas, ao fazer isso, corremos o risco de viver uma vida que não é autenticamente nossa.

Esta simples pergunta: *"O que eu realmente quero?"* se tornou um guia, que me lembra de parar tudo e de prestar atenção no que faz sentido para mim. *Vou pensar* começou a ser a minha resposta automática para que eu pudesse, realmente, pensar antes de responder. E assim continuo a ser a pessoa atenta e generosa de sempre, mas agora também indo ao encontro do que eu quero viver e de quem eu quero ser.

Era madrugada, frio que uivava, silêncio e breu total na cidade.

Mariana Gomes Ferreira Petersen

Era madrugada, frio absurdo, silêncio e breu total na cidade. De repente, lá da metade do corredor, escuto um: *mã-mãe. Mã-mããe.*

Abro os olhos e penso: "*Será que esse pedido vai persistir? Ou ele voltará a dormir?*" Torcendo para que voltasse a dormir, sim, vocês sabem. Frio. Preguiça. Sono. Quer dizer: MUITO sono.

Mas a vozinha lá da metade do corredor persiste: "*Eu quero você, mamãnheeee*".

Entendo que chegou a hora de levantar: "*Já vou, filho. Estou indo.*"

Levanto-me, coloco os óculos, pego o celular e ligo a lanterna dele, evitando acender as luzes da casa e acordar, de verdade, o meu filho. Lá vou eu.

"*Oi, meu amor, cheguei. Posso deitar aqui?*"

"*Mamãe. Pode. Mas eu quero pegar meu patinho que deixei na sala.*"

"*Tá bem! Vai lá e eu te espero aqui!*"

"*Mas estou com medo. Por isso te chamei, mamãe. Os medos têm medo de ti. Vai comigo?*"

Era um dos seres mais frágeis que eu já tinha visto.

Amanda Gomes Ferreira Borges Fortes

Dia 18 de maio, um sábado de manhã, uma das primeiras manhãs mais frias em Porto Alegre. Finalmente, o sol começava a aparecer novamente. Já havia passado quinze dias desde a enchente, mas os animais ainda estavam sendo resgatados. Eles chegavam em um estado lastimável: famintos, cadavéricos, com frio, e a cada minuto que passava, mais traumatizados.

Cheguei ao abrigo com a notícia de que haviam encontrado uma ninhada. A mãe e seus sete filhotes tinham chegado durante a noite. Eles estavam isolados em uma sala, para protegê-los, da forma que fosse possível, das possíveis doenças que se propagavam entre os animais.

Entrei na sala e observei a mãe e seus filhotes por um tempo. A mãe, exausta de cuidar de todos e de si mesma em meio à catástrofe, mostrava um olhar cansado, mas determinado. Os filhotes, com a ingenuidade de todos os bebês, pareciam felizes. Finalmente, estavam quentinhos e em um lugar seco para dormir. No entanto, uma filhotinha em particular chamou minha atenção. Ela era menor que seus irmãos e diferente deles. Vi que os irmãos não a deixavam chegar perto da mãe. Era o instinto de sobrevivência que tomava conta naquele momento: salve-se quem puder. Todos estavam com medo e precisando de muito.

Observei suas tentativas frustradas de mamar, sempre impedida pelos irmãos. A ração estava disponível, mas talvez ela ainda fosse muito pequena para comer. Depois de não conseguir se alimentar, ela tentou se aninhar em um dos irmãos para dormir, mas foi rejeitada. Tremendo de frio, ela ficou ali: faminta, sozinha e desamparada. Eu estava vendo um dos seres mais frágeis que já tinha visto, que incrivelmente havia sobrevivido à maior tragédia do nosso Estado, mas que talvez não sobrevivesse por muito mais tempo.

Decidi que precisava salvá-la. Em poucos minutos, estava em casa com ela. Ela, assustada, já não saiu mais do meu colo. Foram dias de cuidados intensivos, atendendo tanto às suas necessidades básicas quanto às emocionais. Era o momento de amparar a quem foi tão injustamente desamparada pela vida.

Hoje? Já faz dois meses. Escrevo este texto enquanto ela dorme no meu colo, enrolada em uma coberta e uma bolsinha de água quente. O frio aumentou por aqui e o sol ainda não se firmou. Mas ela ganhou uma família que a ama e está disposta a cuidar dela de todas as formas necessárias. Nesses primeiros meses, ela precisou de muito carinho, proteção e cuidado, e assim nós fizemos. Agora, ela é uma cachorrinha muito mais confiante, brincalhona e feliz. Com todas as vacinas em dia, está pronta para passear e para explorar a cidade sob um novo ângulo, mais seguro e cheio de sol para ela poder deitar e descansar. Ver a transformação que ela teve me enche de orgulho e esperança. Mais uma vez, aprendi que, mesmo nos momentos mais difíceis, o amor e o cuidado podem fazer milagres. Ela sabe melhor do que nós da nossa rotina, dos nossos horários e desenvolveu a segurança de saber que iremos sempre voltar para casa no fim do dia para ficar com ela. A felicidade que ela demonstra ao nos ver chegando talvez só não seja maior do que a nossa alegria de estar, a cada dia, com ela.

Histórias de terapia

O *"felizes para sempre" não existe?*

Bianca havia casado fazia mais ou menos seis meses. Casara com o seu namorado da época da faculdade. Já estavam juntos fazia quase sete anos.

No entanto, não sabia dizer o motivo, não estava feliz. Parecia que a convivência não se encaixava. Eles discutiam pela louça na pia, pois um tinha mania de deixar de molho dentro da cuba, enquanto a outra não percebia e deixava os pratos sujos no balcão.

Eles se desentendiam pela maneira como deixavam o box do chuveiro após o banho: ela nem percebia como ficava quando saía. Já ele queria a porta sempre fechada.

Também não se batiam quanto à rotina noturna. Ela chegava cansada do trabalho e só queria se deitar no sofá. Ele desejava que se sentassem juntos para jantar cedo, para que pudessem dormir cedo e se preparar para o dia seguinte.

Em alguma terça-feira, no final da tarde, ela chegou cansada no meu consultório. Exausta, na verdade. Bufou. Deu de ombros. Olhou pra baixo: "*Acho que não daremos certo. O namoro era bom, mas o casamento parece que não vai fluir bem. Tudo no Eduardo agora me incomoda. Me irrita.*"

O que estava acontecendo ali?

Será que Bianca havia criado uma expectativa irrealista sobre o dia a dia de um casamento? Ou será que eles não se conheciam direito?

Ou, ainda, a expectativa realista era de um sobre o outro?

Foi por aí que entramos. "*Bianca, sempre que você se relacionar com o* Eduardo ideal, *o real, parecerá insuficiente. Vamos olhar para o seu marido como, de fato, ele é?*"

Aquilo parece ter feito sentido, e começamos a trabalhar em terapia. Só que poucos dias depois a briga foi tão feia que Eduardo saiu de casa para dormir na mãe dele. Ao invés de se sentirem aliviados, sentiram-se angustiados. Eduardo voltou para casa dois dias depois. E aí sim, na terapia, começamos a trabalhar com foco e investimento. Bianca, agora, já tinha certeza do seu desejo de investir na relação, porque, diante da ameaça da perda, ambos ressignificaram suas crenças e o sentido do casamento.

Mas a história não termina aí, porque o *felizes para sempre* não existe. O que existe é dedicação, investimento e amor. Amando e cuidando um do outro do *jeito certo*.

Histórias de terapia

Expectativas irreais, frustrações reais

Ana tinha um coração enorme e se dedicava aos outros de um jeito que só ela conseguia. Igualmente a essa dedicação imensa, vinham, com ela, expectativas igualmente gigantes. Sua amiga Clara não se lembrava do seu aniversário? Pronto, um abalo sísmico na amizade. O namorado não postava foto no dia dos namorados? A insegurança tomava conta. O chefe não agradecia pelo trabalho bem feito? Mais um motivo para insônia. Vivendo assim, Ana acumulava frustrações e vivia uma vida com pesar.

Foi nesse momento da terapia em que a sua terapeuta disse uma frase que a marcou para sempre: *"Se relacione com pessoas reais e não ideais. Se você se relacionar com o ideal do que você gostaria que fosse, você acabará sempre frustrada."*

Aquelas palavras ecoaram como um despertar. Ela passou a observar seus relacionamentos sob nova luz, percebendo que suas expectativas exageradas eram um fardo pesado tanto para ela quanto para os outros. Começou a aceitar que ninguém, nem mesmo ela, era perfeito. Decidiu, então, dar um passo atrás e ajustar suas expectativas.

Com o tempo, Ana aprendeu a valorizar os pequenos gestos. Um abraço inesperado de Clara, um sorriso do namorado ao final do dia, um pequeno reconhecimento do chefe em uma reunião – tudo isso começou a ganhar novo significado. Ela descobriu que ao aceitar as imperfeições dos outros, abria espaço para sentimentos positivos e genuínos.

Talvez uma das importantes chaves da felicidade esteja em amar as pessoas como elas são, e não como esperamos que sejam.

Amanda Gomes Ferreira Borges Fortes
Mariana Gomes Ferreira Petersen

Sobre ser família...

Mariana Gomes Ferreira Petersen

Este texto é sobre a família Córdova. Se você tiver sorte, talvez se identifique com o que lerá nas próximas linhas. Se tiver sorte. Eu tive.

Conheci-os com 14 anos, ainda sem saber que seriam *meus*. Logo de cara já vi que era uma confusão armada: sempre se reuniam na casa da matriarca às quartas-feiras e aos sábados. Era gritaria, entusiasmo, gargalhadas, um entra e sai de gente e de cachorros que chegava a tontear. Sempre em volta de muita comida boa e algumas taças de vinho, claro.

Bom, o fato é que entre três filhos, sete netos e um bom tanto de agregados que sempre estavam na volta (seja nos verões em Tramandaí ou nas junções na Américo Vespúcio), essa família sabe a arte de se divertir: quem já passou por aqui – entre amigos e namorados – que me prove o contrário.

É interessante que cada novo integrante que chega (sejam as crianças que nascem ou os namoros que começam) parece que se encaixa como a peça que faltava de um quebra-cabeças que não tem fim. Não estou dizendo que não existem problemas, porque perfeição não existe e sabemos disso. É que aqui as coisas fluem de maneira perfeitamente imperfeita. Entende? É imperfeito, óbvio, como são todas as relações.

Posso comparar com a maneira como eles cantam o simples *Parabéns a você* nos aniversários. Isso é outra coisa que logo de cara você já vê. Cada um canta em um ritmo, aos gritos, num compasso totalmente desorganizado; não se entende nada. Sempre foi assim. Mas eles cantam. Aí é que está. Não é compassado, não é ritmado, não é organizado. Mas eles não param de cantar.

Arrisco dizer que está aí o grande segredo: aqui todo mundo se junta de boa vontade e não espera que seja perfeito pra dar certo. Assim como música cantada a 24 vozes em total desritmo, mas que no final você entende o resultado.

Essa família é um *lugar* em que as pessoas se tratam com gentileza (e humor, porque se não não seriam eles). Recebem com dedicação. Fazem o outro se sentir bem por estar na sua companhia.

Legado, óbvio, de Dona Leda e Seu Bira. Que onde quer que estejam, estão orgulhosos disso aqui.

Amanda Gomes Ferreira Borges Fortes
Mariana Gomes Ferreira Petersen

Talvez esse seja o segredo da saúde mental.

Amanda Gomes Ferreira Borges Fortes

É interessante observar a evolução da vida. É curioso perceber o quanto precisamos nos adaptar a cada fase que vivemos. Talvez esse seja um dos segredos da saúde mental: a adaptação.

Se eu fechar os olhos, me lembro como se fosse ontem: dois adolescentes, inseguros e imaturos, comemorando o primeiro Dia dos Namorados juntos. Mal sabiam o que estavam fazendo. Não conseguiram pedir o vinho para acompanhar o jantar, já que eram menores de idade.

Em um piscar de olhos, aquele jovem casal, já não tão jovem, compartilhou a vida. Perderam-se e reencontraram-se. Enfrentaram conflitos, superaram desafios. Viveram. Juntos. Dividiram uma casa, uma rotina, as louças, as contas e os sonhos. Trabalharam muito.

A vida parecia mais fácil, embora as tarefas fossem mais complexas. Talvez eles não fossem mais tão inseguros e imaturos. Com as muitas adaptações da vida, a dinâmica deles mudou novamente. Adotaram uma cachorrinha. Em um piscar de olhos, viraram três – e o que estava acomodado, desacomodou novamente. As noites de sono passaram a ser acompanhadas de um serzinho de quatro patas que se aninhava entre eles. As manhãs ganharam um novo ritual, e as noites, antes dedicadas a jantares tranquilos e séries antes de dormir, agora tinham brincadeiras no tapete, tentativas de adestramento e muitas fugas das mordidas da pequena cachorrinha que aprendia a brincar. Eles não estavam mais sozinhos.

E é assim que estamos hoje: vivendo e nos adaptando às mudanças da vida. Hoje o tapete da sala precisou ser retirado de lá (quem tiver um filhote vai entender). Embora a sala pareça vazia, ela está cheia de vida e de novas memórias (e um pouco mais limpa também).

Que possamos, daqui a muitos anos, olhar para trás e ver que todas as nossas adaptações e evoluções valeram a pena. Que possamos nos lembrar com carinho, sabendo que nossa história foi construída com amor, resiliência e uma vontade incessante de sermos felizes juntos.

AMANDA GOMES FERREIRA BORGES FORTES
MARIANA GOMES FERREIRA PETERSEN

Somos um nada.

Mariana Gomes Ferreira Petersen

Somos um nada. É assim que saí pensando da experiência da NASA em Gramado (RS) no domingo. A experiência é incrível e a reflexão sobre o mistério do universo e da humanidade é intrínseca.

Aos olhos do universo, somos nada. Somos insignificantes, assim como são nossos problemas. Nossa vida é efêmera e representa poucos segundos de energia cósmica. E o que será que existe para além do que já sabemos? O que é o infinito? Por que tudo isso? Aliás, para que tudo isso?

Mas o que me pegou, mesmo, foi a seguinte dubiedade: como é que conseguimos ser, ao mesmo tempo, um *nada* perante o universo, mas absolutamente tudo aos olhos das pessoas que nos amam? Talvez você seja o *tudo* de alguém. Se você tem filhos pequenos, certamente é. Aproveite. Com sorte e conexão, talvez você seja *tudo* para seus pais. Ou, talvez, para seu amor. Ou, ainda, para poucos bons amigos.

A verdade é que somos aquilo que construímos, em especial nas relações estabelecidas aqui. Relações, essas, que nos salvam da pequenez de nós mesmos, atribuindo sentido à existência.

Mas, às vezes, perceber que somos somente um pequeno grão de areia nos salva de problemas banais. Tira-nos da falsa sensação de grandiosidade. Nos faz cair na real. No fundo, acho que a melhor saída é aceitar que não se terá algumas respostas de antemão, pois você vive em um misterioso universo... E um misterioso universo vive dentro de você.

Amar verdadeiramente é estar presente de maneira singular para cada pessoa.

Amanda Gomes Ferreira Borges Fortes

Esses dias, fui ao velório da avó de uma amiga – uma daquelas amigas que a gente chama de irmã. Embora a perda de uma avó, já idosa, seja parte do ciclo natural da vida, sabemos que, quando as relações são verdadeiramente fortes, nunca estamos preparados para enfrentar esse momento. Foi exatamente isso o que mais me emocionou no velório. Ela havia construído uma grande família, de seis filhos, 20 netos e 20 bisnetos. Eles estavam lá unidos com um sentimento em comum. Olhei para aquelas pessoas, e cada uma delas tinha nos olhos o reflexo de uma história única, um carinho especial que a avó soube nutrir ao longo de toda a vida – que ficou ainda mais claro nos discursos que os netos fizeram na cerimônia para ela.

É impressionante perceber como, em meio a tantas vidas diferentes, ela havia encontrado tempo e amor suficientes para fazer com que cada um se sentisse especial, valorizado, amado de uma forma única. Nesse dia, eu não aprendi apenas sobre o poder da união da família, mas também sobre a importância de cultivar relações individualizadas dentro de uma família. Vi, de forma concreta, que o amor de uma família não é apenas estar presente em sentido coletivo, mas estar presente de maneira singular para cada pessoa, nas suas próprias necessidades, histórias e sentimentos. Ela não apenas fazia parte de uma grande família; ela estava genuinamente inserida na vida de cada um dos seus. Cada um ali sabia da marca que a avó deixou na sua vida. E isso é o que faz a diferença.

No final do dia, cheguei em casa e pensei que, mais uma vez, a vida me mostrou que o verdadeiro legado que deixamos não está nas grandes realizações, mas nas pequenas conexões que construímos ao longo da vida. Que, em algum dia, todos nós possamos descansar em paz com a certeza de que seguimos vivos no coração de cada um que amamos.